佐賀偉人伝――06

大木喬任

重松優 著

佐賀偉人伝06　大木喬任目次

はじめに

『太政官高官肖像写真帖』という、近年になって国会図書館憲政資料室に収められた資料がある。明治十六年の大臣、軍人、外交官など、四十八人の写真が集められ、当時、政府の中枢にあった人物を一覧できる大変面白い資料だが、そのなかで、太政大臣三条実美、右大臣岩倉具視に次ぎ、参議十名の第一に登場するのが、本書で取りあげる政治家、大木喬任（一八三二〜九九）である。

大木喬任、通称は民平、号は其次斎、また三為。大隈重信、江藤新平と同じく、肥前佐賀藩出身の政治家で、東京府知事、参議兼文部卿、司法卿、元老院議長、枢密院議長を歴任した。主な功績には、東京奠都建白、学制発布、近代司法制度の整備が挙げられる。その大木喬任が、『太政官高官肖像写真帖』で、伊藤博文や山県有朋より上位に置かれたことには理由があった。明治十四年十一月から十八年十二月までの四年間、かれは筆頭参議の地位にあったからである。

筆頭参議とは、参議中、最も早く任官を受けた人物を指す。筆頭参議として大木の前任であったのは、大久保利通と大隈重信で、両者ともに、在任時は他を圧する権勢を誇った。明治十年前後、木戸孝允の影響力が低下した数年間は、「大久保政権」「大久保独裁」の時期といわれる。大久保が暗殺されたあと、代わって筆頭参議になった大隈も、「天下の人心自ら我れに向えり、藩閥も軍人も眼中

太政官高官肖像写真帖（右頁が大木喬任）／国立国会図書館憲政資料室蔵

三宅雪嶺／国立国会図書館ＨＰ

に無し」と壮語した。それゆえに、筆頭参議とは、あたかも後の総理大臣に等しいかのように、一部では理解されている。

しかし、大隈のあと筆頭参議に大木が就いたことは、これまで全く指摘されなかった。大木が明治国家の形成に対して果たした役割は決して少なくない。元老院議長と枢密院議長の双方をつとめた人物は、大木喬任ひとりである。くわえて、司法卿の在任八年半、この記録は職名が法務大臣となった今日も破られておらず、文部卿・文部大臣にも三度就任、歴代一位の岡田良平との差は、わずか二日である。しかし、今日、大木の名前を知る人は少ない。理由は様々に考えられようが、第一には、大木の政治家としての選択が、大隈、江藤とは異なったことに起因するのである。

大隈や江藤は、衆望によって一派を形成し、自らの手で薩長を掣肘（せいちゅう）しようとした。一方の大木は、藩閥が唯一憚（はばか）る存在であった岩倉具視に近づき、時に岩倉の黒衣（くろご）に徹することで、自己の主張の実現をはかった。筆頭参議としての在りようも、大隈とは全く異なっている。それは、薩長の埒外に立つ政治家にとっては、合理的な選択であった。しかし、明治十六年に岩倉は死に、その後、新たな権力行使の手段を大木は見出せず、伸張する薩長の影に埋没する。大木喬任が十分に驥足（きそく）を展べないまま終わったことは、史家三宅雪嶺の評論「半百年生死録」にも現れている。

勝（海舟）の歿せる年、大木喬任の歿せるは薩長以外の一雄を失えるなり。明

大木喬任

治年間、官界游泳術に長ずる者多きも、游泳せずして位置を高むに巧みなる、大木に若くは無し。薩長の妨げせざるも、自ら薩長に妨げらるるを欲せず、薩長が手を触れんとせば、彼れよく防禦し、他をして乗ずべき間隙を見出さしめず。薩長以外にして枢密院議長と為れる、薩長の憐愍にて得たるに非ず、自らの力量にて贏ち得たるなり。法相として、文相として、自ら任ずること重く、実に一世を匡救するの意あり。独裁専制、次官以下唯だ命を聴くのみ。しかも中絶せるの多きのみならず、晩年聊か蹉跌の跡あり。抱負及び才識の大なるに比して伝うべき事に乏し。

大木遠吉

同郷の友人、江藤新平、副島種臣、大隈重信が政府を去ったのちも、大木は栄職に長く留まり続けた。それゆえ、大木は生前から、薩長の追随者としばしば目された。しかし、三宅雪嶺は、大木は功績に乏しいながらも、藩閥との妥協はなかったと、一定の理解と同情を示す。では、雪嶺のいう大木の「抱負及び才識」「一世を匡救するの意」とは、はたして何だったのだろう。

本書は、近代教育の草創、国家体制と法制度の構築、大木独自の世界観という三つのテーマを焦点として、大木喬任の一生を概観しようとする試みである。大木は、自らの著述をほとんど残さず、嗣子大木遠吉による伝記編纂の事業も、完成をみなかった。あるものは、大木は国体主義者であったといい、あるものは、人格の円満さのみを称揚する。大木の評価は、未だ定まっていない。

大木は、寡言の人であった。長く側につかえた秘書官たちも、大木の心中が那辺にあるのか、推測するほかなかった。そして、今なお、大木喬任の沈黙は続いているかのようである。大木の心の底には何があったのか、自らも建設の一翼を担った新しい国家に、大木はどのような希望を見たのか、本書では考えたい。

なお、史料の引用にあたっては、適宜ふりがなを付し、候文（そうろうぶん）を読み下すなどの変更を行ったことを付言する。

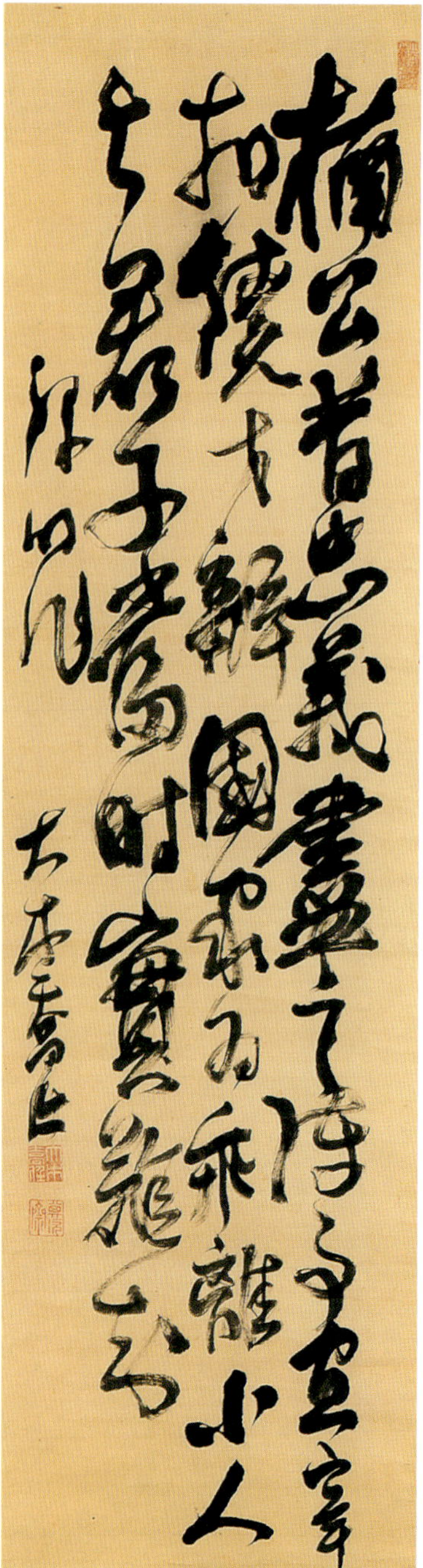

大木喬任書「録旧作」　楠公昔忠義尽言陳事宜宰相饒戈弁国家為乖離小人者君子当時実難知。録旧作。大木喬任。／佐賀県立博物館蔵

第一章　佐賀から「東京」へ

家庭

天保三年（一八三二）三月二十二日、明治維新に先立つこと三十五年、頼山陽の没した年、大木喬任は、佐賀藩士の父大木五左衛門知喬（ともたか）、母シカ子のあいだに生まれた。大木は、通称をはじめ「幡六（はたろく）」といい、二十歳のころ「民平」とあらためた。ちょうど、ペリーの艦隊が浦賀沖にあらわれ、日本が幕末の混乱に向かう時期である。さらに数年後には、諱（いみな）も「知真（ともざね）」から「喬任」に変える。家祖大木知長より、ほぼ三百年、一族の多くは「知」の字を通字としたが、大木はそうした習いを退けて、復古調の改名をしたわけである。過去への憧憬、変化への渇望、救国済民の意志、そうした時代精神を、大木自身の選名にも、うかがうことができる。

　大木には弟がいたが、天保八年、大木が五歳のとき夭折した。天保十三年には、父知喬も三十六歳の若さで没する。母方の従兄弟として、幼少時から交際のあった大隈重信によると、大木が酒飲みであること、夜更かしをするところは、父親に似たらしい。父を失った大木は、家の刀が悉皆俺のものになった、これほど嬉しいことはないとうそぶいたが、やはりそれは、十歳の少年の強がりではなかったか。

知喬の死後、シカ子には再縁が勧められたが、子の成長を見とどけたいと肯んじなかった。大木家に一時同居していた従姉妹の蒲原源子は、今日の家庭の情景と変わりない母子の様子を伝えている。

毎晩学校から飯を食いに帰るのですが、お母さんが可愛いものですから、民平さんの帰宅時間までには野菜がすきだとて野菜ものを煮て待っていなさるのさ。ちょうど今時分だと、茄子を細かに切ってよく煮て、これを大丼に山のように盛り上げて出されると、民平さん一人でみな残らず立派に食い尽してしまいますの。まあよくも、あのようにおなかにはいると思うほどですよ。

お母さんが裁縫の事は至って腕ききであったから、柔かな絹物をつなぎつなぎて胴着や下着をつくられた。……上衣一枚だけは無疵の品で、下着や胴着は立派に繕って着せてあるのです。それをね、人の居る前で上着をぽいっと脱ぎ捨てて胴着ばかりになるのですもの。するとお母さんは気を揉んで、おい民平それを脱いではいけないといわれると、民平さんは平気な面色で、「脱いだらどうあるか」といって澄しているのさ。

大木のために、シカ子はみずから川に入って魚鼈を捕ることもあった。大木は、母から思慮詳密、従容沈着の性を継ぐ。「その薫陶は大に大木君が後年の地歩を成した」と、大隈はいう。

佐賀の勤皇党

大木の藩校弘道館への入学は、規定通りだったなら、天保十年（一八三九）ごろ、六、七歳で小中学校に相当する弘道館蒙養舎に入り、十五、六歳で元服ののち、内生寮での寄宿生活をはじめたであろう。副島種臣によると、同年には楠田英世（のち司法省明法寮頭、男爵）と深川亮蔵（鍋島家家扶）、一級下に高木秀臣（東京控訴院検事長）、さらに二、三級下に江藤新平、中野方蔵がいた。副島自身は大木より四歳上、大隈重信は六歳下であった。かれらは、一時の遊学期間などを除いては、二十数歳に達するまで、藩校で起居を同じくしたのである。

大木は、夙に秀才として知られたが、生来の寡黙な性格もあってか、周囲とはあまりなじめなかった。「万事人のいう事を何とも思わなかった、自分は自分流儀でやる風であった」（長森敬斐）、「機敏なる天才があって……、同窓諸ともの多数は皆、大木君を智恵者智恵者と云ふて、冷語し、寧ろ憎嫉する気味の者が多い様子であったから、自然に孤立の姿を呈した」（副島種臣）と伝えられる。しかし、嘉永二年（一八四九）、十七歳になった年、転機が訪れる。副島種臣の実兄、枝吉神陽（経種）が、江戸遊学を終えて帰国したのである。

寛政三博士のひとり、古賀精里を出した佐賀弘道館は、古賀一族と門人たちに牛耳られていた。しかし、江戸の昌平黌で学事刷新を唱えた枝吉神陽を迎えて、学風に一大変化が生じる。朱子の教説を固守し文芸にいそしむ主流派に反発する学生たちが、教諭職に就いた神陽の周囲に集まりはじめた。弘道館史学派、枝吉学派とも呼ばれたかれらは、儒典の解釈学より歴史学を重く見た。そして、日本の国史国典にも、漢学と等しい、あるいはそれ以上の価値があるとした。既存の価値観と体制に満足できなかった神陽と同志たちが、佐賀における尊王主義の担い手となるのは、自然の成り行きであった。

かれらの活動の象徴が、神陽帰国の翌年、嘉永三年に始まった義祭同盟である。それは、藩の什物方を兼任して史跡調査にあたった神陽が、西河内村梅林庵に楠木正成父子の古像を見出し、城下の龍造寺八幡宮に遷座して、楠公の命日、毎年五月二十五日に有志と例祭を執行したことに由来する。大木喬任は、義祭同盟の会合に第一回目から参加している。『鍋島直正公伝』によると、このとき最年少の会盟者が大木であった。

大木は神陽から、歴史学と律令学の講義を一通り受けたはずである。しかし、十代から二十代前半にかけての大木の活動、特に神陽との関係は、後年における学友の回顧談でわずかに触れられるほかは、ほとんど伝えられていない。数少ない史料のひとつが、「観韓使謁豊公図」（韓使の豊公に謁するの図を観る）である。義祭同盟の参加者であった荒木博臣（のち大阪控訴院長、森鷗外の岳父）の文集に、「明使謁豊公図」という、主題、内容とも類似する作があり、神陽にも「豊臣公謚議」と題される豊臣秀吉を称揚する文章がある。

大木喬任

大木喬任「観韓使謁豊公図」（部分）

天子在上臨四方　天子 上に在り 四方を臨(のぞ)む
封冊何為因汝辨　封冊(ほうさく) 何為(なんす)れぞ 汝に因(よ)って弁ず
自鹿苑曾穢国体　鹿苑(ろくおん)の曾(かつ)て国体を穢(けが)して自(よ)り
至是皇風払万里　是(ここ)に至り 皇風 万里に払わる
世道悠悠数百年　世道 悠々 数百年
今日人情無羞恥　今日 人情 羞恥無し
豊公霊魂今在否　豊公の霊魂 今 在りや否や
洋夷目下横封豕　洋夷(ようい) 目下 封豕(ほうし)を横(ほしいまま)にす

――天皇は上にまし、国の隅々にまで君臨されている。しかるに、なぜ汝らは封冊を許しなく行うのか。足利義満が国体を穢して以来、此処(ここ)に至って天皇の権威は全く失われてしまった。世間も悠然として数百年を送り、今日の人士は恥を知らない。豊公の魂は、今もわれらと共にあるであろうか。まさに今、西洋の夷(えびす)どもは、肥えた豚のごとく我が国を貪り食らわんとしているのに。

荒木博臣の詩には、「墨使」の到来が述べられている。大木の「観韓使謁豊公図」も同様に、義祭同盟の結成三年後に起きた黒船来航を受けて、つくられたのだろう。想像を逞しくすれば、義祭同盟の仲間うちで、同じ一幅の画を見て競作がされたのである。そして、天皇の権威を重んじ、外征を行った豊臣秀吉に対す

大木喬任

る史的評価は、神陽とも共有されていた。

大木の文章は、語句の秀麗さでは荒木に譲るものの、秀吉の遺業の描写と、それを受けての自身の心情は、直接的によく表現されている。神陽は大木を、「殊に沈才あり」と評した。大木は少年のころから、誰の目にも秀才として映っていたが、それ以上の何ものかを、神陽は見出したのだろう。

中野方蔵殉難

文久元年（一八六一）十月、尊王運動の巨頭として知られた平野国臣が佐賀を訪れ、枝吉神陽と面会した。平野はこのとき、同席した大木喬任（民平）、江藤新平、古賀一平（のち品川県知事）の言志に感銘を受け、諸国遊歴のあいだ、佐賀に三平ありと推賞した。しかし、大木と江藤が最も深く交わったのは、古賀一平ではなく、前年春から江戸に留学し、平野とは会わなかった中野方蔵（晴虎）であった。明治六年政変の際、大木が江藤に宛てた書翰の下書に、当時の三人の様子があらわれている。

> 不佞（大木）と足下（江藤）の相交わるや竹馬の遊より以て今日に至るまで二十有餘年、対して同じ書を読み炉を共にして相語る。一日見ざればその思三状、一肴の菜必相与にし、一樽の酒必分て相飲み、疾病相救い、患難相共にし、相共に父を拝して父と呼び、相共に母を拝して母と称するに至る。此時に方て兄弟の間、親戚の際の事と雖、猷を展る人士多しと雖ども、交り博しと

中野方蔵墓碑（碑側）

雖ども、足下および中野晴虎と不佞との交の深きが如きもあらざる也。……嘗て窃に往事を想懐すれば、不佞年十八九、足下および晴虎十六七、相共に学校に在り、共に史を読て、元弘中興の業一朝にして覆り、皇基再造の凡一日にして没し、皇綱再紐を解き、鴟梟欲を逞し、忠臣義士の憾千載滅ばざるに至るに及で、相共に手を執て、しかして慷慨切歯せずんばあらざる也。相対して酌する毎に必ず談此に及び、晴虎常に起躍して、剣を抜き案を砕き、泣下するもの数行、即ち歌呼、歌鳴々として歌て曰、身死す可し骨砕く可し、安くんぞ名分大義を為さざるべけんや、生きては忠義の臣と為り、死しては忠義の鬼と為らん。……

中野は機活に富み、佐賀の勤皇党では珍しい豪傑肌の人物だった。書翰中の年齢表記は、数えであろうから、三人が歴史書の講読をはじめ、激情にかられた中野が机を叩き割ったのは、嘉永二年（一八四九）から三年にかけてということになり、嘉永二年夏に帰国した枝吉神陽の影響を考えるのが自然である。中野が大木と知り合ったのは、大木の隣家に越した嘉永年間とされ、大木と江藤との関係も、書翰冒頭の「不佞と足下の相交わるや……二十有余年」という一節から計算すると、同様にこのころ、親交がはじまったのだろう。物成四十五石の大木、五十石の中野に比して、江藤家の禄米はわずかに七石、侍より一段下の手明鑓であった。侍と手明鑓は、当然ながら懸隔しがちであったが、そのような違いを超えて、かれらは思想を同じくし、苦楽を共にする。

中野方蔵墓碑／『中野方蔵先生』

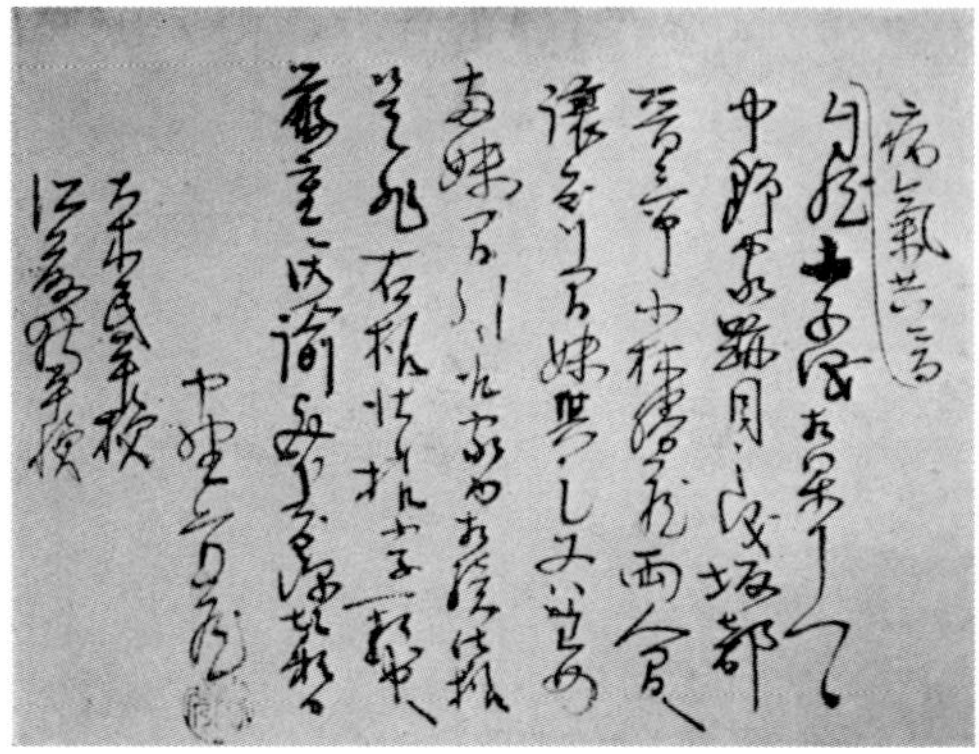

中野方蔵：大木喬任江藤新平宛遺言状
『中野方蔵先生』

万延元年（一八六〇）春、二十五歳の中野方蔵は昌平黌留学のため江戸に出発する。このころ、尊王運動に沸く各地の情勢が佐賀にも伝えられていたが、藩侯鍋島閑叟は動かず、義祭同盟の一党は焦燥をつのらせていた。そこで中野は、弘道館朱子学派の領袖であった老儒草場佩川（くさばはいせん）に近づいて、詩文の添削を乞い、手段を問わず佩川におもねって、江都留学の推薦を得る。中野のもくろみは、江戸で諸国の勤皇家と連絡すること、そして帰国後は目附となり、佐賀勤皇党が藩政を握る第一歩をすすめることにあった。

桜田門外における大老井伊直弼の暗殺は、ちょうど中野が江戸に向かった万延元年三月のことである。世情が騒然とするなか、中野は水戸をはじめ関東を遊歴し、長州の久坂玄瑞とも往来した。文久元年（一八六一）十二月、一橋慶喜を奉じての決起を計画した宇都宮藩の藩儒大橋訥庵（おおはしとつあん）が幕譴（ばくけん）に触れて入牢、大橋と交際のあった中野も捕らえられる。大橋の残党が暴発して、老中安藤信正を坂下門外に襲うのは、その三日後であった。五月二十五日、中野方蔵は伝馬町の牢中に死んだ。毒殺ともいわれている。

中野の歌、「今しなば（死）真心もてるますらを（益荒男）があつめし文をかたみ（形見）ともみよ」は、かれの辞世と目されている。その通り、大木と江藤は中野の遺志を忘れなかった。中野は獄死の前、時論「固本盛国策（こほんせいこくさく）」を佐賀に送った。それは、事実上の倒幕論として最も早い主張だったといわれ、そのほか遺稿中の国体観、「道」と「芸」の共用を説く教育説なども、維新後の大木、江藤の意見書類に多く踏襲されている。

中野の死を知った江藤はただちに脱藩して京都に向かい、およそ二ヶ月後に帰国、永蟄居（えいちっきょ）を命じられた。では、大木は何をしたか。本節冒頭に引用した江藤宛大木書翰案には続きがあって、中野の遺志をうけた大木は、『鑑言』および『奨言』と題される南北朝史二篇を、「後来を奨」し「後事を鑑」するために書いた、とある。副島種臣の評によれば、江藤の人物は「勇を本とし智」を加え、大木は「智を本とし才」を加える風であった。江藤が行動家として先鋭化する一方、大木は別の方向を目指したわけである。

歴史に学ぶ

大隈重信は、晩年の回顧談のなかで、維新以後の佐賀人が一致しなかったのは、それぞれの学問に相違があったからだ、と述べている。慶応元年（一八六五）、大隈と副島は長崎に開設された英学校、致遠館（ちえんかん）の教職となり、フルベッキから英学を学びはじめた。後年の大隈が大蔵卿、副島が外務卿として活躍する素地は、長崎留学によって形成されたといえる。ところが大木は、「西洋人は機巧に長ずれど、その文明は、……時局を制する賢者の一知識を補うに足らざらんか」（『鍋島直正公伝』）といい、長崎行を拒否して佐賀に留まった。文久二年（一八六二）頃から、大木は弘道館指南役を命じられていた。少年に素読を教えるのが務めである。

大木は洋学を全く否定したわけではない。語学に関しては、幕末はアルファベットの手習いをするほど、維新後も公務に必要な法律用語を手帳にカタカナで書きとめる程度であったが、翻訳書は相当、読んでいたらしい。大木には濫読癖があって、自室は足の踏み場がないほど本が溢れ、弘道館在学時は排斥したはずの朱子学についてすら、造詣があったと伝えられる。大木が影響を受けた書物には、佐藤信淵の農学書、仏教の経典類が挙げられるが、何よりも重要なのは歴史書、特に『資治通鑑』だったと、周囲の談話は一致している。

『資治通鑑』は、十一世紀、北宋の司馬光が皇帝の治世を益するために編んだ歴史書である。枝吉神陽、副島種臣も、ほぼ暗記するほど精読し、滔々と詳しい議論をして学生によろこばれた。しかし、大木の歴史研究の方法は独特であった。「書物を閉じてしまって自分がこの時代に宰相と成ったと仮定する。宰相の覚悟にてこの舞台にあらわれ、自分はこの事件を如何に処置するか考案をめぐらすがよろしい」（磯部四郎）、「尋常の学者が歴史を読むとは違って、要点をよく注意して天下の経営に資するのを目的とせられた」（副島種臣）と伝えられる。学生にも、自説を説くより先に、「貴様は左様質問するが、一体どう思うか」と、反問を常にした。大木にとって、歴史学の意義は、記述の吟味や考証よりも、思考実験にあったのである。

教育者としての大木の姿をもっともよく伝えるのは、佐賀支藩の小城出身で、維新後は司法官となる水尾訓和である。水尾は、はじめ江藤新平から『大日本史』の講義をきき、さらに副島、大木からも学ぶという希有な体験をした。水尾は、大木の教授法にくわえて、歴史観にも言及する。

ある日、講釈中に大木さんはこの如くいわれた事があります。「自己(おれ)は今はこうして居るけれども、元来鍋島の家来でも何んでもない。ただ一時隷属をしたのである。源平の時でも源平が一時盛んになれば隷属者が出来る、衰える時には隷属者が減ずる様なものだ」などと申された。その他外史の論文など講ぜられる時にも、そんな例を引かれました。拙者は右の御咄(おはなし)で全く勤王の志を起しました。拙者が勤王の志を起しましたのは全く大木さんのその一言であります。当時は余程(よほど)〔ママ〕イライ人だ、卓見な人だと思って居りましたよ。

佐賀は、藩侯鍋島家への忠節を絶対視する『葉隠(はがくれ)』を生んだ土地である。勤皇党の思想は、藩主の権威をないがしろにするものだという批判は常にあって、枝吉神陽も、「忠臣は孝子の門に出(い)づ、皇室に忠なる者にして、いずくんぞ藩主に忠ならざらん」と弁明していた。大木の発言ほどあからさまな反抗は、筆者は他に類例を知らない。神陽は文久二年（一八六二）に他界するが、大木は神陽の教えを継ぎ、さらに一歩を踏み出したといえるのではないか。

東京奠都

佐賀藩は、明治元年（一八六八）一月、鳥羽伏見の戦いで幕府が決定的な敗北を喫するまで、他の多くの藩と同様、日和見をしたのであった。のちに「薩長土肥」と一まとめにされるが、長州、薩摩、土佐の三藩は、幕末の政局に長く関与し、大きな犠牲をはらいながら政治力をつちかった。佐賀藩の場合は、戊辰戦争

東京奠都の様子を描いた錦絵／国立国会図書館 HP

に藩が誇る洋式兵力を投入したこと、そして維新後の国づくりを担う人材を多く輩出したことで、藩閥の一角としての地位を得る。

鳥羽伏見の顚末が伝わってまもなく、大木は藩命を受けて京都へ向かった。二月一日に入京、その十日後、大木は三条実美に建言書を奉呈する。江戸を東京と改称し、東西にふたつの京を置くという主張で知られる意見書である。京都からの遷都はついに宣言されなかったので、「東京」の誕生は、新たに都を定めるの意で奠都（てんと）という。

大木喬任用印
大木の歴史観と信条は自号「其次斎」（上）と「三為」（中）にもうかがうことができる。「其次斎」は『春秋左氏伝』の一節、世に不朽なものがあるかと問われた魯の叔孫豹が答えたという「太上立徳其次立功其次立言（太上は徳を立て、其の次は功を立て、其の次は言を立つ）」（下）が典拠である。ただし、落款では、「立功」と「立言」の位置が意図的に逆転されている。功名より立論が重いというのが、大木の創意であった。「三為」は、「其一為国其二為君其三為衆生」（其の一は国の為にし、其の二は君の為にし、其の三は衆生の為にす）を意味する。

> 皇沢の東洲に霑おわざること殆んど千年に近し。故に今日に当り、鎮府を東洲に置かれ候とも、数千百年の御事業を大定せらるの御礎基〔ママ〕というべからず。関東城邑封地御収めの上、江戸城はすなわち東京と御定めなされ、今の京と浪花を一にして西京と定めあられ候て、恐れながら天子年に一度、或は両度、東京に行幸相成るべく、しかして後来の処、東西京の間、地勢を計り、山を抜き、谷をうめ、鉄路を開き、もって東方御経営の基礎、道路往来の便を計るべし。

大木の奠都意見書は、友人の高木秀臣によれば、前漢の政治家で、封建勢力の克服と統一中国の安定に取り組んだ賈誼と晁錯の事績を念頭においたものであった。たしかに、国家の治平はどのように実現するかという問いが、意見書の問題意識の根本にあり、日本の場合、歴史上くりかえされた東西分裂の克服こそ、第一の課題と大木は考えた。江戸奠都は、あくまで、その目標のための一手段である。

建言は受け入れられないまま三ヶ月が過ぎる。そのあいだに江戸は無血開城し、佐賀人では、長崎鎮定に功績があった副島種臣と大隈重信が新政府に登用されていた。四月下旬、三条実美の命で江戸に滞在していた江藤新平が京に戻った。そこで大木は、江藤とともに意見書を書き直し、徳川慶喜の処分と江戸奠都を詳論して、江藤と連名で今度は岩倉具視に提出する。そのとき酒席にいた岩倉は取り合おうとせず、大木は憤慨するが、翌朝になり、意見書を見せられた木戸孝允が大木を迎えに現れた。閏四月三日に江藤が、四日に大木は徴士参与職に挙げられ

皇居坂下門と本丸辰巳三重櫓（明治２年）F. ベアト撮影／長崎大学附属図書館蔵

愛宕山から見た江戸の町並み（慶応元年〈1865〉）F. ベアト撮影／長崎大学附属図書館蔵

る。その後およそ半年、大木は天皇東幸の実現に尽力して、明治元年十二月、東京府知事に任じられた。

府知事になった大木が直面したのは、大名と家臣団が退去し、経済活動が立ちゆかなくなった巨大都市であった。大木は窮民の授産施設をつくり、当座の食糧を確保したうえで、農本主義による復興を計画する。荒廃した大名屋敷を壊し、茶園と、養蚕を目的に桑畑をつくらせた。また、小金原（今日の千葉県習志野市一帯）にあった軍馬の牧地の開拓を決め、職を失った人々から入植者をつのった。いわゆる「桑茶政策」である。

ところが、ほとんどの場合、農事に慣れない都市民による開墾は成功しなかった。そして、新たに首都となった東京は速やかに再生し、市街地を田畑に戻す必要もなくなった。幕末の不遇のころは農学も学び、一時は侍をやめて「大農」になろうと考えた大木の実践は、失敗に終わる。戦前の山の手には、桑茶政策の遺跡として、桑の大樹が多く見られたという。

明治三年「建国策」

明治初期の大木喬任の功績として、東京奠都と並んで重要であるのが、明治三年八月、岩倉具視の名義で政府内に回覧された国家構想「建国策」の取りまとめである。

明治三年七月、大木は東京の市政責任者の職を退き、民部省の次官である民部大輔になった。転任の理由は、一言でいえば大隈重信をめぐる軋轢である。明治二年八月、当時民部大輔であった大隈は、民部省と大蔵省の合同を実現し、大蔵大輔も兼任する。そして、新橋・横浜間の鉄道敷設をはじめ、民政に目覚ましい成果をあげたが、その一方で、重税の負担に苦しむ地方の批判は大隈に集中した。また、事に性急な大隈には失策もあって、参議四名が辞職を申し出るなど、政府も分裂の瀬戸際に立たされた。そのため、民部・大蔵の再分割が発令され、大木が民部省を引き継ぐことになった。大木の小金原開拓に大隈は反対を唱えていたので、従兄弟同士である二人の関係は、すでに宜しくなかったらしい。政府のなかには、大木が大隈を牽制するという期待が、当然、あっただろう。

明治三年の政府は、前年の版籍奉還による名目上の統一国家の成立から、四年七月の廃藩置県に至るまでの過渡期にあった。建国策は、かかる困難な政治状況下で、政府要人のあいだに意見の一致を形成するべく、岩倉具視が「鄙見(ひけん)および諸賢よりかつて聞く所の説」を合わせてつくられた。これまで、建国策の実際の起草者は、岩倉具視の側近、特に当時、太政官中弁として政府中央にいた江藤新平の関与を示唆する説が多かった。しかし、建国策の添状に大木の私用箋が用いられていること、建国策の回覧後、大木が参議一同の取りまとめにあたったことなどから、民部大輔に就任してまもない大木喬任が「建国策」起草を担当し、三年秋にかけて「国体照明政体確立意見書」への改稿がなされ、政策案としてさらに具体化、先鋭化したと考えられる(拙論『民部大輔大木喬任と明治三年「建国策」』)。

建国策の議論は、大久保利通の反対によって、多くが容れられなかった。しか

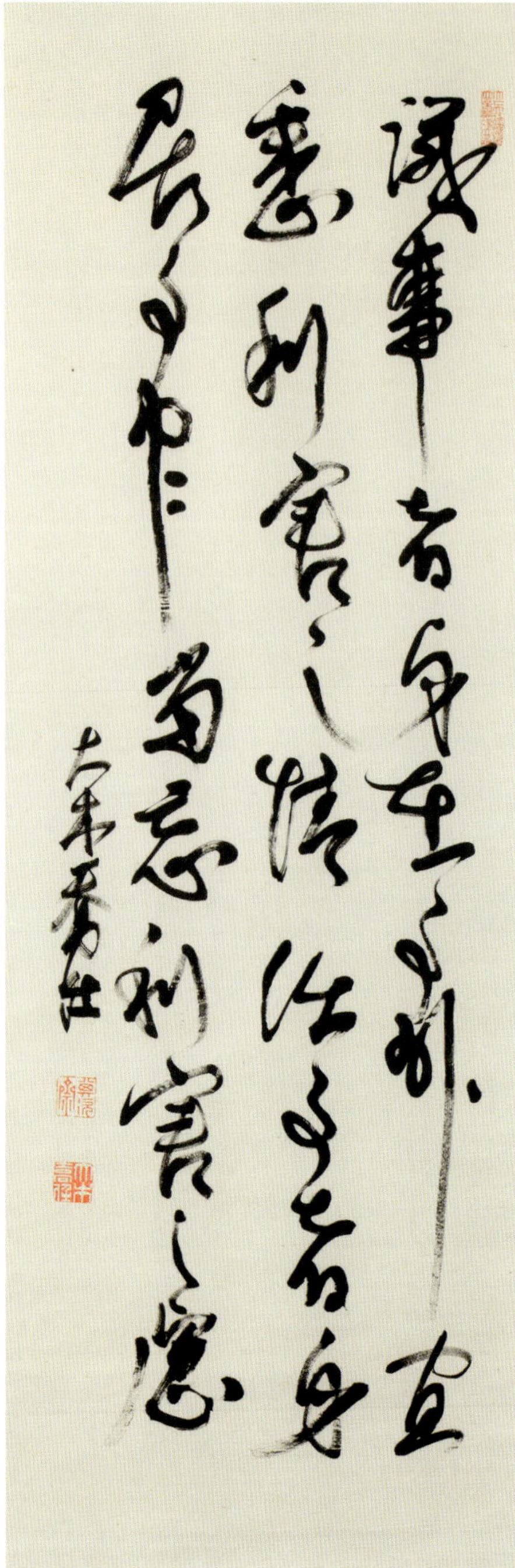

大木喬任書「菜根譚」句　議事者。身在事外。宜悉利害之情。任事者。身居事中。当忘利害之慮。大木喬任。

し、民蔵分離後の国家運営に、民部大輔が示した方針としては、大変興味深い。保守主義者として知られる大木ではあるが、「国体照明政体確立意見書」は、中央集権と諸制度の近代化を強く主張する。特に、教育改革において、維新以前の儒学に基づく国民教育を明確に否定している点が重要である。

> 大中小学校の如きは、すべて人の智能と芸術とを講明了得さすべきの具なり。しかして彼の支那邦の如き秦漢以下今に至る儒者輩、喋々学校を論じ、しかしてその施行する所、道を明にすると芸を講ずるとを以て漫然として区分する事を知らず。唯その道徳を論じ性理を談ずれども、智能を磨し芸術を講ずるの何物たるを弁えず、相率て人をして木偶人に異らさしむ。唐夏三代学校の設と仲尼（孔子）論述する所の意とに甚大に反戻す。しかして儒者遂にこれを察せず、惑然とし自ら愚にし、この弊また皇邦に伝染し、我人民の内ここに陥溺する者少からざるに至れり。今や大変革の際、大に学校を興起するの時に当り、すべからくこの弊を洗除して以て至良の法を設けずんば独り益なきのみにあらず、恐らくは国家進歩の道を妨げん。

大木は続いて、小学校の整備、女子教育と商業を第一とする実務教育の重視を述べており、二年後に自ら編成する学制の思想が、すでにほぼ出来上がっていたことがわかる。従来、学制に最も影響を与えた書籍として、明治五年二月に初編が発刊される福沢諭吉『学問のすゝめ』がしばしば挙げられているが、近代教育制度の萌芽は、さらに明治三年まで遡って求められるべきことになる。

一方、教育の根本には「宣教の大意」があるべきとも、大木は規定している。「国体照明政体確立意見書」における大木の国体観は、以下の通りである。

> 昔し、天つ神、那岐那美の二神に詔りして、大に邦土を造り、継で億兆蒼生を生々す(原注：うみます)。既にこれを生々す、これを済う所以の道なかるべからず。ここにその蒼生等、所謂八百万神等、或は智その愚を欺き、強その弱を斃し、互い相呑み嚙、以てその生を保つ能わずを神慮し、所謂思金の神をして思わしめ玉う所、我天孫を降臨せしめ、我神胤をして、永く邦国の主たらしめ、以て天地と窮りなきを標示せしむ。ここにおいてか皇統一系の国体立ち、ここにおいてか大政の基根立ち、……彼の外邦、共和相合し、君主を易る博碁の如く、或はその人民を奴隷し、一家の私政を以て、独断専制、妄殺憚るないが如きものと甚だ大に懸隔せり。およそわがこの立国の体裁、万古を経て今に至る、即ち億万世の後に至り易るべからざるもの素り明確皎著にして、贅言を待たざる所といえども、方今大変革の際に当り、尚これを詳にせずんば施政の順序毫厘を誤ることあらん。

国体論者として知られる大木の思想を理解するためには、建国策において、国体論と近代化政策が並行して説かれたことを踏まえなくてはならない。これは、同時期の大隈や江藤にも共通する考え方である。三年十二月に大隈がつくった「大隈参議全国一致の論議」にも建国策同様の国体論が見出される。また、建国策の素案のひとつであったと目される江藤新平の三年六月付の意見書、「建国体云々江藤胤雄議」には、「仏を廃し儒を廃し、海内の人皆神道一方に奉崇する……然るの後に宇内を幷呑するの策を立つ」という極論さえあった。開進的な大隈と江藤、それに対する大木として比較されることは少なくない。しかし、かれらの違いは、目指す国家像よりも、個人の性格と、政治の技術の緩急にあったのではないか。

廃藩置県は、長州の少壮官僚の運動をきっかけに実現に向かい、明治四年七月十四日に発令された。同日、大木は空席であった民部卿に昇格するが、制度改革の結果、民部省はふたたび大隈の大蔵省に併合が決まり、大木の処遇が問題となる。同月二十七日、民部省は廃官、翌日大木が補任されたのが、文部卿であった。

第二章　近代教育制度の出発

文部省設置

明治二年以来、教育行政機関としての役割も担った「大学校」が改組され、文部省が置かれるのは、廃藩置県の四日後、明治四年七月十八日である。のちに、文部大臣は「伴食大臣」と揶揄され、役所も二流あつかいされるが、創立当初は必ずしもそうではない。廃藩置県は、明治維新における最大級の制度改革であったが、政府中央の官制はほぼ据え置かれ、文部省の開設は、むしろ特例であった。大学校は、洋学、国学、漢学の三派の対立激化を理由に、明治三年七月に閉鎖、教育行政は一年のあいだ、ほぼ棚上げになっていたのである。封建制度をついに廃止した明治政府にとって、教育界の動揺を鎮めること、制度改革の断行は、まさに焦眉の課題であった。

文部省の発足時は、他のいくつかの省と同様、長官である文部卿は空席とされ、トップを事実上任されたのは、太政官の中弁から文部大輔になった江藤新平である。しかし、民部省の廃官が急遽決定し、七月二十八日、大木は民部卿から初代

明治初期の文部省／長崎大学附属図書館蔵

加藤弘之／国立国会図書館ＨＰ

文部卿に横滑りする。八月四日、江藤はふたたび辞令を受け、左院一等議官に転出する。つまり、文部省は設立後、十日間は江藤が管轄し、続く七日間は、江藤と大木が共同で省務にあたり、そのあとになって初めて、大木ひとりの指揮下に置かれるようになったわけである。

草創期の文部行政について、江藤の役割を重視するのは、当時、文部大丞をつとめ、のちに帝国大学総長となる加藤弘之である。加藤は、学制施行三十周年式典の演説で、江藤は和・漢・洋に分かれていた学科を統一し、和漢の学者を大学から排除して、西洋学を中心とする近代教育の基礎をつくった、「学制の出来た元のよって起る所を考えて見ると、実に江藤の力あずかって大なるもの」と述べた。

> 大木文部卿の功績も大なることであろうとは思いますが、私が今日そういう古い事について感ずる所を述べて見ると、その（学制の）よって起る所は、即(すなわ)ち江藤の果断にあるであろうと思う。江藤が始めて国別の学科を罷(や)めることにして仕舞った。江藤の見る所では、国学も漢学も固(もと)より大切であるけれども、新しい学問というものを欧羅巴(ヨーロッパ)から取って来なければならぬものであるということが分つて居つた。……そういう果断家が出て、そういう事をせぬ時には、後に大木文部卿が出て来ても、私はなかなか手を着けることは六ヶ敷(むつかし)かろうと思う。

しかし、江藤でなければ教育の近代化は成し得なかった、あるいは、開明的な江藤と洋学者たちが敷いた方針に、保守的な大木が不承不承従ったという一部の説は、事実に反する。なぜなら、既に見た通り、明治三年の建国策において、大木は学制で実施される教育改革案を示しているからである。

まもなく、司法卿として民法編纂に着手する江藤が、「誤訳もまた妨げず、ただ速訳せよ」と命じた逸話はよく知られているが、大木も、明治五年五月設立の師範学校を担当した御雇外国人スコットに、「何もかも悉く米国でやる通り」の学校運営を指示している。そして、三宅雪嶺『同時代史』によれば、「翻訳を採用するならば全然翻訳の儘にすべき」、不用意な折衷は制度の美を損ねるという、後年とは異なる考え方を当時有していた。おそらく、こうした急進的な欧化主義は、十分に西欧の諸制度の研究がすすんでいない明治最初期にあっては、政府内でも広く共有されていたのであって、大木と江藤の教育観も、当時、ほぼ一致していたのであろう。付言すると、四年九月、大木は江藤が任命した文部省の奏任官以上を一旦解雇して、翌日以降に再任用するという示威行為も行っている。「独断専制、次官以下ただ命を聞くのみ」といわれた大木は、自らが望んだ通りの国民教育を行おうと企図したはずである。

学制の編纂過程

学制制定の背景にあった政治情勢として、岩倉使節団の欧米回覧に触れなくてはならない。列強諸国を自ら実見したい、という願いは、政府要人のあいだでも

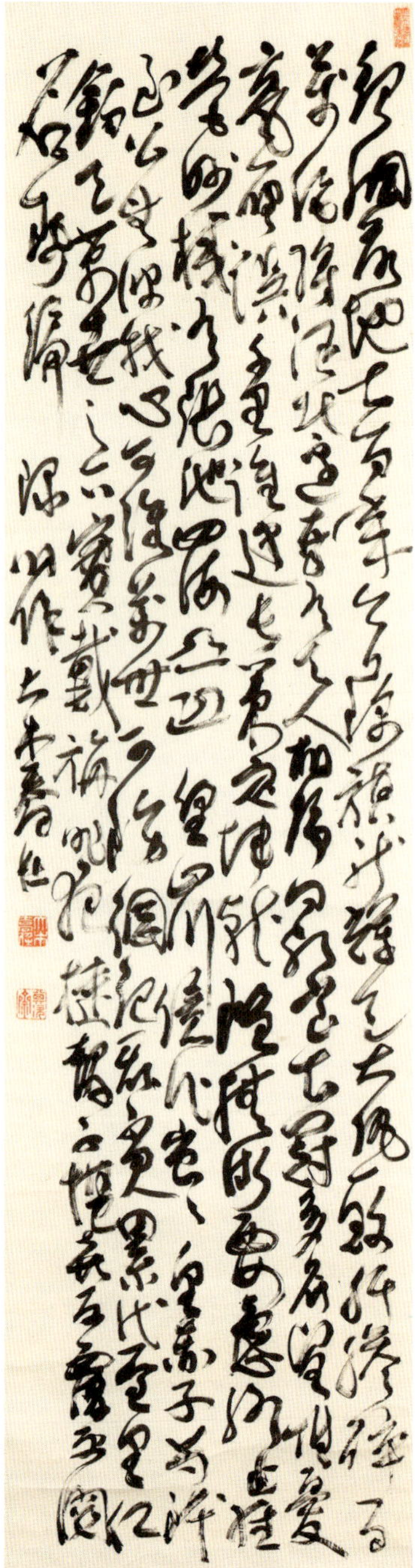

大木喬任書「録旧作」／佐賀城本丸歴史館蔵

司法卿・江藤新平と司法省の高官たち
前列中央が江藤。

強かった。はじめ、大隈重信が自己のために発案したという洋行の計画は、紆余曲折の末、岩倉具視、木戸孝允、大久保利通の三首脳が、二年近くに及んで外遊するという一大事業に変貌した。そこで、日本に残る「留守政府」とのあいだに、使節団の帰国まで人事の異動と制度改革は成丈行わないという取り決めがなされる。しかし、明治四年十一月、岩倉たちの出発から時を待たずして、留守政府は約定を無視して、地租改正や徴兵制度の導入に着手した。大木も、文部省三等出仕田中不二麿を使節団に同行させたが、その調査を待たずに学制を施行し、田中に事後通告することになる。

学制は、厳密には、教育の新制度そのものではなく、その制度を定めた全百九章の法令を指す（のちに二百十三章に追加）。明治四年十二月、文部少博士箕作(みつくり)麟祥(りんしょう)以下、文部省の官員十二名が学制取調掛に任じられた。翌五年一月四日、大木は「学制大綱」を太政官に上奏、学区制に基づく全国統一の制度導入を予告する。学制の原案は三月上旬、きわめて迅速に完成するが、学制取調掛の任命以前にも、相応の準備がされていたと見られる。

学制によって実現に向かう国民皆学と教育近代化の意図は、同時に布告された「学制序文」あるいは「被仰出書(おおせいだされしょ)」とよばれる告諭に表象されている。

> 人々自らその身を立て、その産を治め、その業を昌(さかん)にして、以てその生を遂ぐる所以(ゆえん)のものは、他なし、身を修め智を開き才芸を長ずるによるなり。しかしてその身を修め智を開き才芸を長ずるは学にあらざれば能わず、……夫(そ)の道路

に迷い飢餓に陥り家を破り身を喪の徒の如きは、畢竟不学よりしてかかる過ちを生ずるなり。従来学校の設ありてより年を歴ること久しと雖ども、或はその道を得ざるよりして、人、その方向を誤り、学問は士人以上の事とし、農工商および婦女子に至ってはこれを度外におき、学問の何物たるを弁ぜず。又士人以上の稀に学ぶ者も、動もすれば国家の為にすと唱え、身を立るの基たるを知らずして或は詞章記誦の末に趨り、空理虚談の途に陥り、その論高尚に似たりと雖ども、これを身に行い事に施すことあたわざるもの少なからず。是即ち沿襲の習弊にして文明普ねからず、才芸の長ぜずして貧乏破産喪家の徒多き所以なり。……これに依て今般文部省に於て学制を定め追々教則をも改正し布告に及ぶべきにつき、自今以後一般の人民、華士族卒農工商および婦女子、必ず邑に不学の戸なく家に不学の人なからしめん事を期す。人の父兄たる者宜しく此意を体認し、その愛育の情を厚くし、その子弟をして必ず学に従事せしめざるべからざるものなり。……

学制の評価と、日本の教育史上に果たした意義は、評者によって見解が分かれる。同時代の欧米の制度より先進的と称賛する研究がある一方、予告された八の大学、二百五十六の中学、五万七千七百六十の小学の創立が、数十年後に至っても全く整わなかったことから、近代教育史の草分けである藤原喜代蔵『明治教育思想史』は、「大木の学制やまことに無謀の計画……万人の最も易しとする架空の空想を示せるに過ぎず」、と酷評している。そうしたなかで、おそらく最も穏当な意見は、明治三十二年九月、大木の死の直前に元文部官僚の久保田譲が、『時事新報』に寄せた談話であろう。

（大木は）文部卿に就任するや、まず各旧藩学校を廃したり。当時政府部内の官吏というは、皆国学者にあらざれば漢学者にして、かつ上下とも封建の遺風を受けて漢学主義の世の中なれば、この時に際して各藩学校を廃せんこと、なかなか困難なりしに、同氏は断然これを廃止して漢学主義を排斥し西洋学問採用の基礎を定めたる功績大なりというべし。もし同氏にして姑息（こそく）の手段を取り旧藩学校をそのままに存置し、そのうえに西洋文明の学問を輸入せしならんには、我が国の教育制度も支離滅裂に帰（き）し、少なくとも今日の如き教育の盛大を見ることあたわざりしならん。

久保田は、学制施行の意義は、旧来の学校を全廃して、新しい教育のはじまりを全国に知らしめたことにあるというのである。のちに、漸進主義で知られる大木も、時に、江藤や大隈に劣らない果断さを示したのであった。

学制施行上の困難

明治五年三月に完成した学制草案は、立法諮問機関である左院に送られ、数月を経ずしてその承認を得た。しかも、文部省が要求した二百二十五万円の予算を、左院は三百万円に増額するよう勧告する。左院の副議長に昇格していた江藤新平の後押しと考えるべきであろう。

学制草案は正院の允可を待つのみとなったが、二百二十五万円、あるいは三百万円という巨費の捻出は、当時四千万円ほどの予算規模であった政府にとっては容易でなかった。大蔵卿大久保利通の外遊中、財政の責任者となった大蔵大輔井上馨と大丞渋沢栄一は、たび重なる要求にも首を縦に振らず、正院での審議は停滞する。そして、明治五年四月に司法卿となった江藤も、全国に裁判所を建設しようとして、同様に井上と衝突した。結果、当時参議の職にあり、井上とも近しい関係にあった大隈が仲裁して、大幅に減額はあったものの、文部省と司法省の計画を大蔵省に認めさせた。しかし、井上と渋沢は辞表を提出し、新聞上で大木と江藤の放埓な姿勢を公然と批判した。大木の関係文書には、井上たちに反駁を加えようとした大木の自筆原稿が数種残っている。また、江藤はこの時期、井上と山県有朋の瀆職疑惑を厳しく追及するが、それに政治的な動機がなかったとは言い切れない。予算をめぐる議論は、深刻な政争、感情的な軋轢に転化したのであった。

大木が直面したもうひとつの困難は、国学者たちの反発であった。明治五年十月二十五日、文部省と教部省の官員は、両省の兼任を命じられた。教部省では教部卿嵯峨（さが）実愛（さねなる）以下の高官数名が罷免され、事実上、教部省は文部省に吸収されたのである。これは、学制施行に予算を得るための措置とも、寺院を小学校に転用するためであったともいわれている。しかし、教部省側は突然の合併に抗議し、まもなく教部大輔宍戸（ししど）璣（たまき）と少輔黒田清綱が辞表を提出する。大木が三条実美に宛てた書翰の下書に、大木の困惑を見ることができる。

昨日申し上げ候通り、大小輔と小臣談話仕候義は、さる二十六日一度の事にて、その節議論仕候義もこれなく、もっとも小臣かれこれ取交え相談仕候えば、言の躁論これあるべきか。しかし朝旨において御変りこれなき義は素り申し述べ、その後、談洋教に及び候付、洋教の如きは結局如何と知るべからざる候えども、皇国建国の体は全く外邦と懸隔いたし、これを治るも自ら治めらるるも、この御国体を維持するは肝要の急務なれば、一般人民をして駆ても知らしめざるべからざる義にて、学校においても頻に工夫罷り在り候えば、素り教部においては肝要の義と存じ候……国体云々は小臣一箇の鄙考これあり、教部においても目的中の一となるべきものと兼て相考え居り候ところ、意味深く説かずしてあらあら申し候えば遂に誤解の種子を醸し候也。要するに小臣、言の過ぎたるの罪逃れがたく恐縮存じ奉り候。国体云々の考えは追て申し上げ候心得に罷り在り候。

二省合併の翌日、教部大少輔と面談をした際には不服は聞かれなかったと大木は弁明する。そして国体の発揚については、文部省も決してないがしろにはしておらず自分にも「鄙考」があるという。十一月十八日、学制には「国体学一科」が追加となる。教部省側への配慮の結果であろう。

大木喬任の国民道徳論

「国体学」とは、どのような教科だっただろうか。明治六年五月の「小学教則改正」には、第一学年の科目として週に一度の「国体学口授」が置かれ、『国体訓蒙』などの教本を参考に、教師が口頭で説諭せよ、とある。しかし、『国体訓蒙』は、歴代の天皇、明治政府の官職、あるいは県名の列記などが内容のほとんどで、学童向けの教科書というよりも、廃藩置県後の国家体制の便覧というべき本であった。

そこで大木は、国体学と修身の教本をみずから執筆しようとしたらしい。文部卿が教科書を書くというのは突飛な発想ともいえるが、佐賀弘道館で教鞭をとった経験のある大木は、相応に自信があっただろうし、文部省と教部省の価値観の対立も、自分が乗り出すことで収拾できると考えたのかもしれない。この時期の大木のノート、『大木喬任伯意見雑記』には、国民道徳論が数種、残されている。

> 人の公理
>
> およそ億兆蒼生のこの世にある、その為す所如何。曰く、自らその生命を遂げ、自らその安康を保ち、自らその心志を悦び楽せしむべし。けだし皇霊神、人を生々するにあたり、この理を付与し玉いしなり。これ故に我のなす所、人これを害する能わず。人の為す所のものは、我これを妨ぐべからず。これを人の公理という。……

国に報ず如何

曰く、億兆蒼生のこの世にありて離群散居すれば、互いに相傷害し、遂に自ら保つ能わず。故に億兆の君主ありて億兆を安んずるを以て職とし玉う。ここにおいてか政府あり。億兆蒼生をして各その所を得てその公理を保護し以てその生命を遂げん事を務む。これゆえ政府の億兆の団結する所以なり、これ以て国体堅固ならざるべからす、国勢輝張ならざるべからず。……

自立の勉め

人の公理如何にしてこれを達するを得べきや。曰く、自らその身を立て、以てその生を保たんと欲す、自らその生命を遂げ、自らその安康を保ち、自らその心志を悦び楽むと。是之を自らその身を立るという、しかしてその身を立の要、他なし、身を修め智を聞き才芸を長ずるにあり。しかしてその□□□□（判読不能）す所以のもの、自奮勉強の力にあるのみ。およそ人たる者、奮励せざればその身を修る能わず、またその智を開く能わず、またその才芸を長ずる能わず。

ここに、学制で掲げた教育思想と、国体論をひとつにしようと大木が試みた形跡は明白である。従来、学制は国民に「立身出世」をうながしたのだ、という評価もあったが、大木はむしろ「自立」を、特にこのとき、いまだ家禄の支給を受けていた士族に求めたのではないだろうか。しかし、大木はこうした草稿を完成させないまま、文部省を離れ、岩倉使節団の帰朝後、征韓論政変の危機に直面する。国民道徳論の執筆は、大木にとって、いわば宿題として残されるのである。

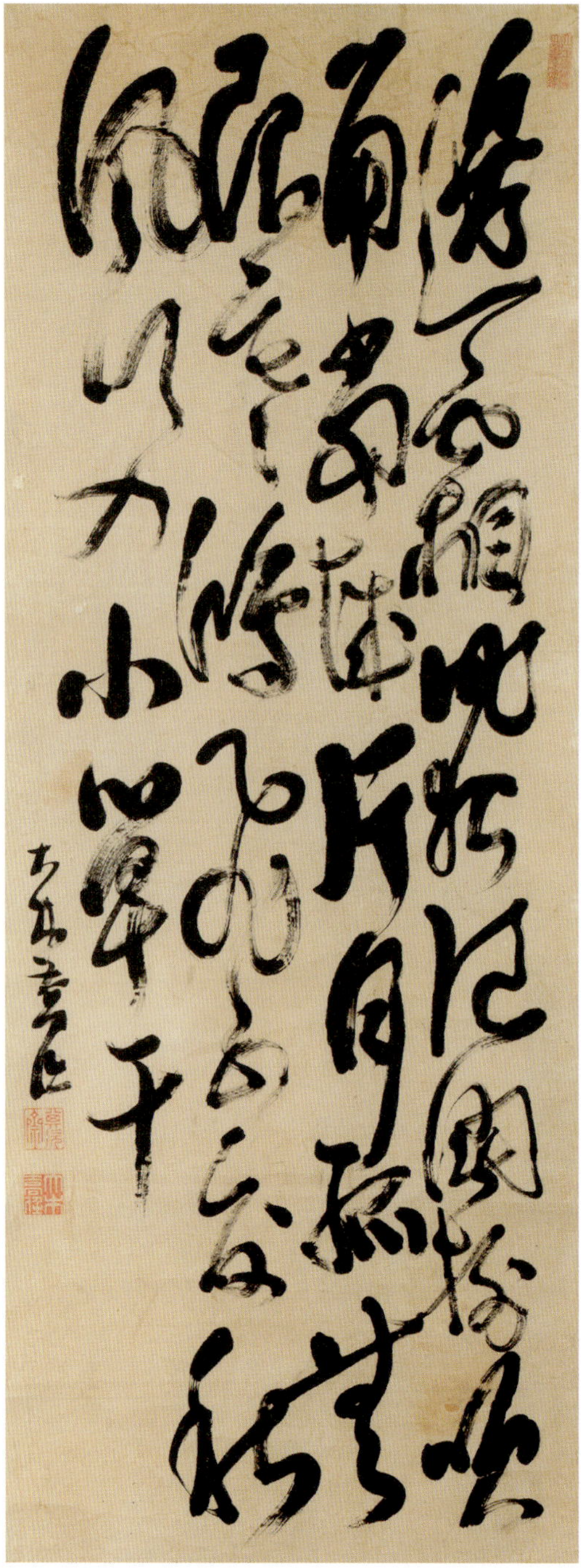

大木喬任書：李益「聽暁笛」　辺霜昨夜堕関楡。吹角当城片月孤。無限塞鴻飛不度。秋風吹入小単于。大木喬任。

第三章　明治国家の形成と大木喬任

明治六年政変

予算問題から始まった内紛に揺れる留守政府は、明治六年四月、左院議長後藤象二郎、文部卿大木喬任、司法卿江藤新平を新たに参議に補任し、指導体制の再編をはかった。出兵を前提とする西郷隆盛の朝鮮遣使、いわゆる「征韓論」が浮上するのは、このころである。留守政府の参議では、大隈重信がひとり意見を保留し、大木喬任も当初、西郷の派遣に同意していた。しかし、岩倉使節団の帰国後、大木は前言を翻し、征韓反対を唱える。大木は、副島や江藤に、調和の要を理由に挙げたという。たしかに、岩倉具視と大久保利通が、征韓論に強硬姿勢をもって応じた以上、かれらを排除して政府を維持し得るか、疑問の余地なしとはしない。しかし、大木の行動は、やはり変節であって、特に江藤にとっては、裏切りですらあった。「大木はかねて同意なりしも、たちまち反復、大腰抜なりと（江藤は）切歯せり」（『佐々木高行日記』）、「大木はいつも重箱の中で年を取る様な大丈夫なる事ばかり考えている」（荒木博臣談話）。大木への憤懣を江藤は隠さなかった。

両派の板挟みになった三条実美は懊悩して倒れ、これを奇貨とした岩倉は、十月二十四日、天皇の「聖断」を得たとして、西郷の朝鮮進発を中止せしめた。かくして、西郷隆盛、板垣退助、後藤象二郎、副島種臣、江藤新平の五参議が辞任、同調する官員多数も進退を共にする。前章で引用した江藤宛の書翰下書が書かれたのは、この「明治六年政変」の直後であろう。中野方蔵の死後、共に語りうる者は、自分にとって江藤ひとりである、「その交わりや日に一日よりも深く、二十年を経てかわらず」、なぜなら一時の利害ではなく、「志望相合し……、心相同じくするを以て也」、志と心を等しくするからだ、と大木は書いた。今日の江藤文書に該当する書翰はなく、江藤との和解を模索した大木が、書翰を江藤に託し得たかは、想像する他はない。

このころ、佐賀でも、政府への反発と征韓論が沸騰していた。十二月、江藤は下野後も東京滞在を命ぜられていたが、郷党の青年を鎮撫したいと帰県を奏請した。前途を危惧した在京の友人たちは、江藤の出発を止めようとする。翌明治七年一月初旬、大木は東京山王台の茶亭に江藤と会い、佐賀行の不利を説いた。江藤は忠告を欣然と容れ、ふたりは「共に痛飲談笑して分袂」、わだかまりは氷解したようであった。しかし、三日後、江藤が所在不明になったと報告を受ける。大木は、司法省調度課長蒲原忠蔵（蒲原は、大木の上京時従者をつとめ、のちも大木が最も信頼した人物）に江藤の勾留を命じて横浜に急行させたが、江藤が乗り込んだ汽船は、すでに抜錨した後であった。

二月一日、佐賀市中の小野組襲撃によって「佐賀の乱」の戦端が開かれ、江藤も否応なしに決起する。しかし、政府の近代軍備に対して持ちこたえられず、同二十三日、佐賀勢は潰走した。三月二十九日、逃避中の江藤は高知県で捕縛、佐賀に護送された。裁判は速やかに始められ、四月十三日、江藤以下十一名に士籍剝奪と梟首の判決が下る。刑は即日執行された。大正三年（一九一四）に刊行された江藤の伝記『江藤南白』に、晩年の大木は次のような回顧談を残している。

当時もし余が江藤との私情に絆（ほだ）されずに早く彼を捕縛して置いたらば、彼をしてかかる末路を演ぜしむることはなかったのに、徒（いたずら）に私情に絆されて在京中にこれを捕縛し置かなかったのは一生の過（あやま）ちであった。余は彼の死によって、ほとんど半身を割（さ）かれたような感がある。余は言論拙（つた）なかったが、江藤は知勇兼ね備えて、かつ、人を驚かすの弁論を有した人物であった。彼にして生存して居（お）ったならば、佐賀の勢力は薩長の間に介在して決して人後に落ちぬのであったろうに、悲しむべき最後を遂げた。

江藤さえ存命であったなら、さらに多くのことを為し得た、「半身を割かれたような」という大木の表現は、まさに実感であっただろう。政変直後、大木は司法卿になっていたが、江藤の裁判は現地に派遣された東伏見宮嘉彰親王（ひがしふしみのみやよしあきしんのう）と大久保利通の監理下に置かれ、大木ができることは限られていた。伊藤痴遊『明治裏面史』、『平沼騏一郎回顧録』には、佐賀に刺客を送った伊藤博文を大木が詰問した、

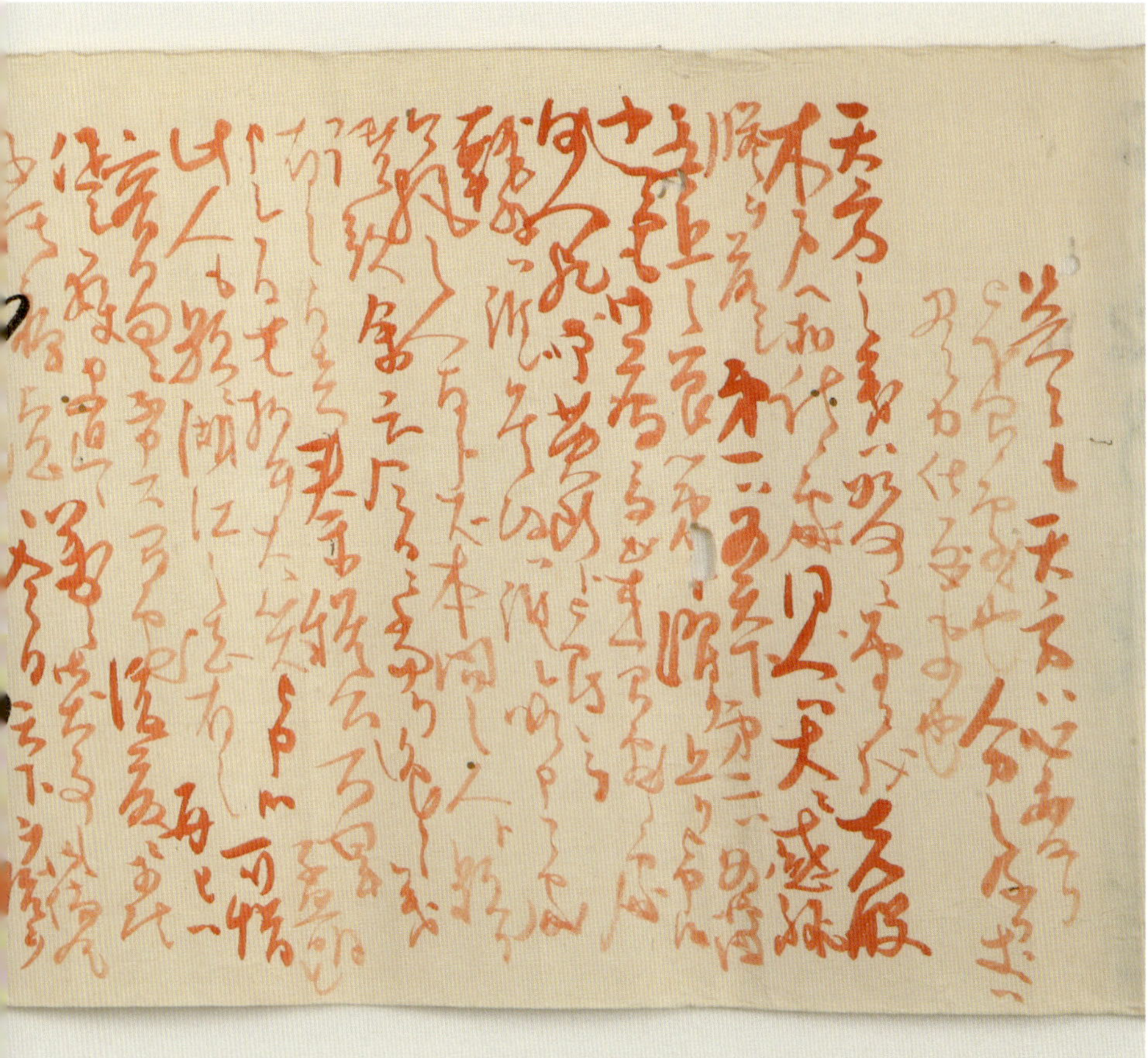

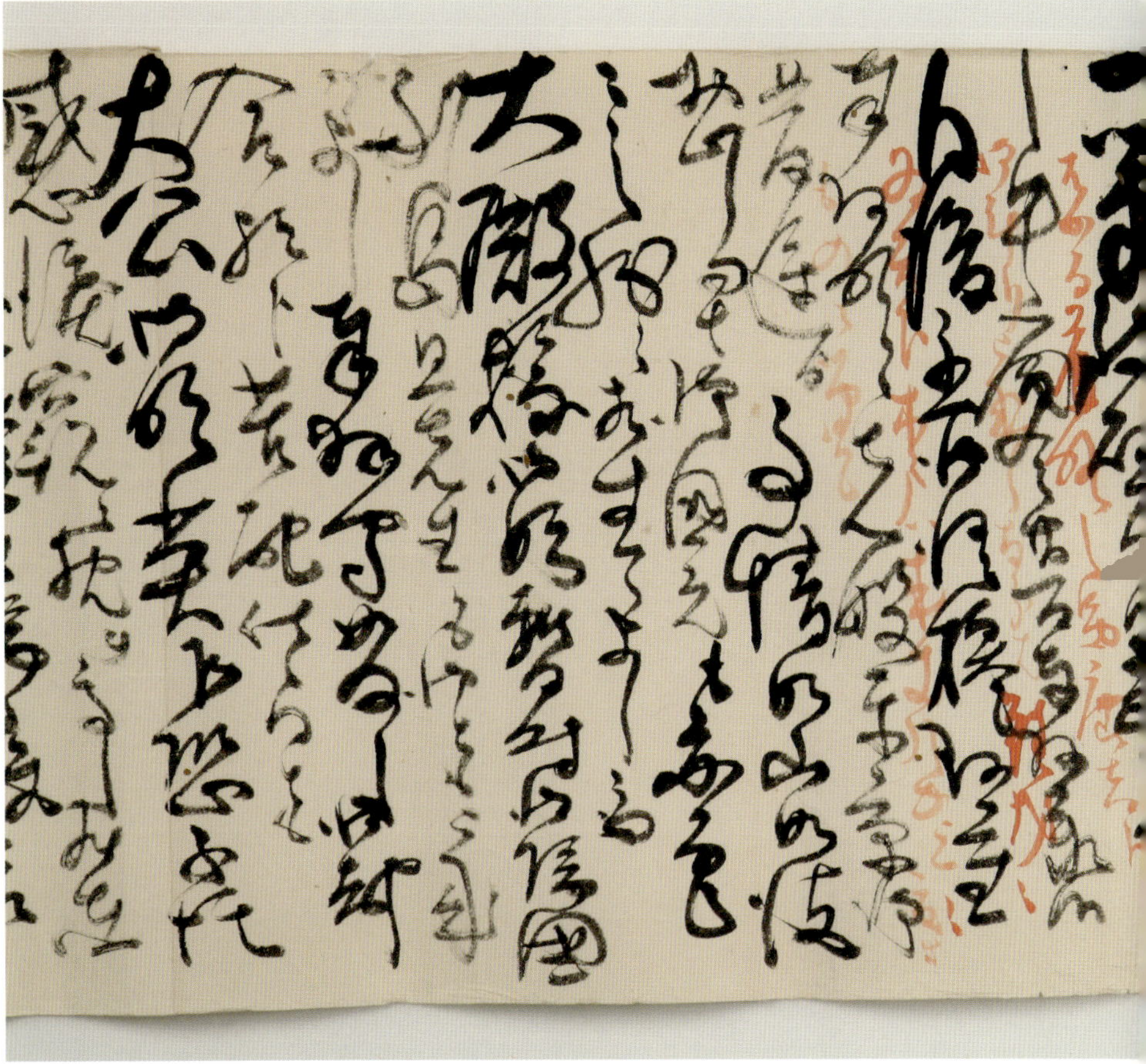

大木喬任：江藤新平宛書状（巻頭部分）／佐賀城本丸歴史館蔵

岩倉具視／国立国会図書館ＨＰ

あるいは、大木は岩倉から江藤助命の了解を得たが、これを伝え聞いた伊藤と大久保が、使者の到着前に急遽江藤を処刑したなどと書かれているけれども、他の史料では確認できない。ただ、江藤の敗走が伝えられた直後、大木は三条、岩倉に対して「臣を以て戦士の後に加えられ、以て賊徒剿滅の役に従事せしめたわんことを。……傍観座視するあたわず、肝裂魂砕の出でん所を知らず」と訴え、佐賀に向かおうとしたことは、口述の控えが残っているので、おそらく確かである。大木は、幕末の一時期を除き日記を残さなかった。この時期はメモ書きしかない。簡略な予定が入るのみで、江藤の死の前後数日は、空白となっている。

司法卿として

明治六年政変の際、宮中工作の成功と征韓派参議の排除の見通しを得た岩倉と大久保は、天皇の裁決が下る数日前から人事案を練りはじめた。大久保の主張通り、参議省卿兼任制の再置が決まり、諸卿の人選にも大凡の合意がもたれた。しかし、司法卿だけは、岩倉は土佐人佐々木高行を、大久保は旧幕臣の大久保一翁を推し、にわかには決しなかった。江藤の司法権行使が政府内に混乱を及ぼした経緯が、岩倉たちの念頭にあっただろう。そこで、病気療養中であった木戸孝允の代理をつとめていた伊藤博文に意見が諮られ、伊藤は大木の名を挙げた。結局、岩倉が「決を取」ることを大久保も了承し、大木の司法卿就任が決まったのである。

政変の直後から、大木は精力的に活動している。司法卿拝命の数日後、大木は岩倉の諮問に答えて、天皇の宸断を得る手続、憲法の起草、大蔵省の分割と内務省設立について意見を述べた。翌日の岩倉の覚書は、大木の意見を多く採用し、政府の新方針の策定に大木が果たした役割が少なくなかったことをうかがわせる。さらに数日後、大木は「建国法意見書」を提出した。ここでの「建国法」とは、憲法と同義である。

建国法を定むる事〔着手急を要す、発するは宜しく時を見るべし〕

勅旨　　定律

衆庶誓言　　皇統一系

国法を定むる事〔兵刑民蔵等の法是れに入る〕

御維新より今に至る迄、諸御布例中、国法民法家法行政規則等混淆して区別なきもののみなり。故にまず之を分類せしめて国法を定むるの基を立てる事。〔着手急を要す〕

右分類せしものを以て反復推論し、国法を定むるの基を立て、第一条より追々百千条に至り数年を待って完成を期し、かつその更むべきもののみを廃し、容易に国法を動かすべからざるを要する事。民法またこれに准ずべし。〔但し国法といい民法といい、外国の書を翻訳して直に我民に施行するが如きは決して取るべからざる事〕

大木の建国法意見書は、憲法以下、諸法の編纂方針の策定を重要な課題として

明治初期の司法省／長崎大学附属図書館蔵

箕作麟祥／国立国会図書館ＨＰ

いる。憲法に関しての記述は簡略に過ぎ、その意図は十分にうかがい得ないが、民法について「外国の書を翻訳して直に我民に施行するが如きは決して取るべからず」と明言されたことは、近代法制度の成立過程において、大きな転換点であった。それまで、法典の早期完成を常に要求した江藤新平に対して、箕作麟祥をはじめとする実務家の多くは、西洋法継受の困難を訴えていた。「建国法意見書」において、法典編纂をめぐる司法卿と司法官僚の思惑は、はじめて一致したのである。

　司法制度の確立のために為すべきことは様々にあったが、大木が最初期の課題として最も重視したのは、司法官の育成である。司法省の明法寮には、およそ十数名の学生が在籍していたが、明治九年三月、大木はあらためて司法省法学校を置き、官費支給で一挙に百人の学生を選抜した。このころ、前章にも登場した大木の元教え子である水尾訓和は、司法省の官吏となっていて、大木に一通の建白書を提出している。大蔵省や内務省が「雲間に聳え」るような西洋建築をつくる一方、司法省が古い大名屋敷にあるのは如何にも不体裁で、政府として標準がとれないというのである。大木は水尾を呼び、「貴様、馬鹿なことをいう。自己(おれ)があの通り大きな建築をしているのが見えぬか」と叱責した。そのような建物がどこにあるのか、と水野は訊く。

　貴様には見えぬか。あれが見えぬか。困った奴だなあといわれた。自己(おれ)の建築はかの司法省の法学生である。正則八年生と出仕生徒の三年生とが皆卒業して司法省に勤めをすれば、これが基礎となるのだ。大きな建築中である。……他省の外見ばかり美麗な建築よりは、自己のやり方の方は余程よろしいぞ。どうだどうだといわれた。拙者は一言もなくして黙った。

今日残る法務省の赤れんが棟は、大木の司法卿退任後、明治二十年代になってつくられたものである。司法省法学校は、明治十八年に東京大学に統合されるが、七百人ほどの法律家を育て、そのなかには、明治の法曹界を担った人物が多く含まれている。

明治二十三年民法の編纂

司法卿として大木が最もながく携わり、その特色を大いに発揮したのは、民法典の編纂であった。「建国法意見書」で示した通り、大木は法典の起草に際して、旧慣風習の斟酌を重視する。大木は、学制の起草にもあたった国学者木村正辞を文部省から司法省に転任せしめ、日本古代の法律を集成する『憲法志料』の編纂を担当させた。さらに、徳川時代の法律纂輯も計画する。木村正辞によれば、それらの事業は、法律起草のための予備調査の域を超えていた。

およそ旧幕府の裁判所は、町奉行すなわち江戸郭内の裁判を司り、勘定奉行は郡国の裁判を司る、寺社奉行は神官僧侶の裁判を司る所なり。……これらの裁判所の書類、司法省三間に四間ばかりの土蔵中に乱雑に入れ置きたり。余（木村正辞）これを見出し、まずこの書を整理せざれば徳川法律書を編纂する事あたわず。これを整理せんには多くの人員と費用を要す。依ってこのことを卿（大木）に申し立てたるに、直ちに許可せられたり。

十年以上放置された幕府の裁判関係書類は、虫食いがひどく、五十巻入りの箱を新調したところ、箱の総数は五百を超えた。また、土地争いの裁判に付随する地図数千枚も、すべて裏打ちをして修繕し、別に白木の長持をつくらせて保存せしめた。かくして『徳川禁令考』が完成する。原文書は関東大震災によって失われたので、同書は江戸期の法制史研究に不可欠である。大木はさらに、明治期の慣習調査の成果である『全国民事慣例類集』も、西洋法典の翻訳、法律用語辞書などとあわせて刊行した。民法編纂の事業そのものは、日本人法律家による草案が望まれた水準に達せず、フランス人法学者、ギュスターブ・ボアソナードが刑法と治罪法の起草を終えるのを待ち、明治十二年にあらためて再出発する。ボアソナードを中心に、十年後に完成する法典が、明治二十三年民法、あるいは旧民法と呼ばれる法典である。

明治十三年二月、参議省卿兼任制がふたたび廃止され、大木は二代目の元老院議長となる。大木は司法省を離れるが、太政官に民法編纂局をつくり総裁となる。翌十四年十月、伊藤博文によって参事院が開設され、伊藤は民法編纂を引き取ろうとするが、大木は頑強に抵抗して、手元から離そうとしなかった。結局、明治十九年三月、第二第三草案の完成をもって、民法編纂は後任の司法卿、山田顕義

ボアソナード／法政大学大学史資料委員会提供

に託される。山田は、政府内での審議にそなえて、草案修正に大鉈を振るうが、大木は「武人」である山田の仕事ぶりに不満で、ボアソナードも、フランス本国の民法より上出来と誇った草案の法理を乱されたと不平をもらし、民法について尋ねられると、それは「大嵐」の前か後かと問い返すのが常であった。

憲法意見「乞定国体之疏」

大木が諸法典の編纂に取り組んだ時期、憲法の起草にあたった機関は、明治八年設立の元老院であった。しかし、元老院の国憲案は、岩倉以下の政府首脳部に受け入れられず、元老院議長に着任して間もない大木も、行きがかり上、その第三次草案を上奏したが、内心は不同意であった。そこで、元老院の憲法編纂に平行して、明治十二年頃より参議一同の意見があらためて求められた。諮問に応じた参議七名のうち、大木は最も遅く、十四年五月に意見書「乞定国体之疏」を提出する。表題にいう通り、大木は憲法制定に先だち、「国体審定局」を設け、国体を明文化するよう説く。ほかの参議が主に問題とした憲法起草の手順、国会の構成、開設時期などの制度案は追々提示するとしたうえで、政治の根本に国体が置かれる理由を大木は詳論した。自説が、「一種異様」な主張であること、欧化主義者から「誹笑を受くべきは素より覚悟」があると大木は述べている。

そもそも、「国体」とは何であろうか。単純に国家体制を意味するだけでなく、維新史の文脈のなかでは、その頂点に天皇が置かれる体制をいうことは当然である。しかし、具体的にどのような組織や伝統が形作られるべきかは、論者と時代背景によって見解が分かれる。大木の「乞定国体之疏」は、西欧と日本の建国の様相がまったく相違するという史的主張を議論の前提とする。西欧列国には定まった君主がなく、憲法も政治制度も、統治の道具として恣意的に選択されるに過ぎない。しかし、日本では、「皇邦建国の基礎」、すなわち国体に、「天祖の遺詔」と「天安河の議」があると大木は唱えた。「天祖の遺詔」とは、記紀神話のなかで、天照大神が「葦原の千五百秋の瑞穂国は、これ、吾が子孫の王たるべき地なり」と詔して、天孫降臨を促したことを指す。続いて、高天原をながれる川、天の安河のほとりに八百万の神々が集まり、どのように天照大神の神勅にこたえ、地上を平定するか衆議を行った、これを「天安河の議」という。

近代国家の構想にあたって神代を模範とする視座は、むろん、大木喬任の発明ではない。王政復古の大号令によって、維新後の諸々の政策は「神武創業の始」に基づくと宣言がされた。明治二年、大隈重信が渋沢栄一に政府出仕を求めたとき、「新しい日本を建設するのが吾々の任務である。だから今の政府の計画に参与して居るものは、即ち八百万の神達である。……君もその賢才の一人として採用されたのだ、即ち八百万の神達の一柱である」と説いたが、これは、当時の政府要人の自己認識をよく表す逸話である。また、元老院書記官であった国学者横山由清も、明治十年に「公議論」という小論を著し、公平な対話と議論に基づく「天下の公議……いわゆる立憲政治」が神代にも行われていた、その起原は、「天照大神の岩屋戸に隠れ給える時に、八百万神、天安河辺に会いてその祈るべき方を」計らったことにあり、素戔嗚尊の罪過の決定、天孫降臨も、「衆神の合議」

によると主張した。このように、当時、相応に広まっていた着想を、大木は取りあげたということになろう。

そのうえで大木は、「金石と不朽」の「帝憲」と、情勢によって変化すべき「政体」の二篇の編纂を主張した。「帝憲」とは、「皇邦国礎のある所、および天皇民を安ずる所以の源、そのほか帝室の憲章に関する所」を明文化する典章で、のちに皇室典範が定める皇位継承の規則に加えて、国体に関係する史論と政治思想も含まれたであろう。一方の「政体」は、「三権の分別、および設官の要旨、そのほか議会の綱領」によって構成される。このように憲法と議会制度をつくるならば、国体との矛盾は生じ得ないと大木はいう。一般的な国体論においては、国家に君臨する天皇の超越性のみが説かれ、議会制度は天皇が国民に与える恩恵に過ぎない。大木の説は、議会を国体の構成要素として明確に位置づけた点が出色である。

> 或は曰く、国会を興し自由を与うるは外邦に法る也。これ既に皇邦の国体を変ずと。知らず、群神を集むるは、天の安河の会に基く。しかして自由なるもの、洋語に理弁羅と曰い、人の天に得る所の霊能のみ。天皇天に継ぎ民に臨む。人をしてその霊能を暢べ、その所を得せしむ。これ固より天職にして国を平ぐる所以なり。……今や陛下人文漸く開くるを俟て民と規章を守らんと欲す。仁愛の至り也。何ぞ国体に妨げんや。

ノ礎ハ世界比類ナキ義ニ候ヘハ亦世界比類ナキ様組成スルハ當然ノ事ト信用仕候帝室政體ノ二案共奉呈ノ心得ニテ已ニ起草有之候得共未タ脱稿仕ラス追テ差出申ス可ク候開明者流ノ為ニハ多々ノ誹笑ヲ受クヘトハ素ヨリ覺悟ニ候ヘトモ此辺ハ聊カ頓着仕ラス候只々社稷臣民ノ名ニ負カサルハ安ンスル所ニ御座候ハ爰ニ遺憾ニ勝ヘサルハ世界四通強弱相争フノ今日ニアリテ皇邦ノ如キハ就中天皇獨裁ニテ人民ヲ鞭策鼓舞シ夜以テ日ヲ継キ事業ヲ興張振起シ以テ海外ト飛雄スルノ方略ヲ相立候ヨリ政略ノ最得タルモノト云フヘク相考ヘ候ヘトモ八年ノ詔ヲ御取消シ之レ無キ上ハ無算ニシテ苟且因循一日ヲ過セハ諸ニ

12 文祥堂製

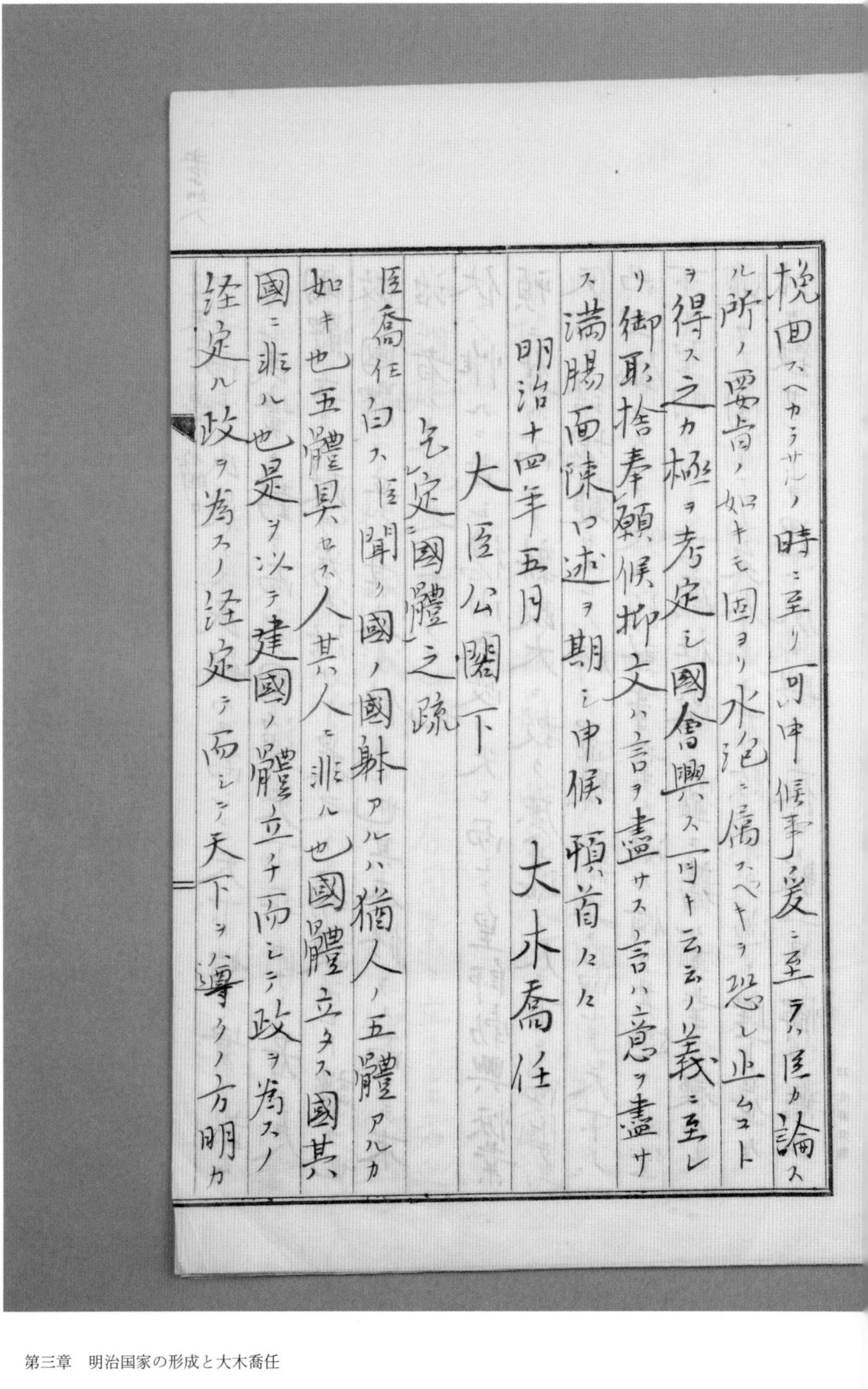
挽回スヘカラサルノ時ニ至リ可申候事爰ニ至テハ臣カ論ス
ル所ノ要旨ノ如キモ固ヨリ水泡ニ屬スヘキヲ恐レ止ムコト
ヲ得ス之カ極ヲ考定シ國會興ス可キト云云ノ義ニ至レ
リ御取捨奉願候抑文ハ言ヲ盡サス言ハ意ヲ盡サ
ス満腸面陳口述ヲ期シ申候頓首々々
明治十四年五月　大木喬任
大臣公閣下
乞定國體之疏
臣喬任白ス臣聞ク國ノ國躰アルハ猶人ノ五體アルカ
如キ也五體具セス人其人ニ非ル也國體立タス國其
國ニ非ル也是ヲ以テ建國ノ體立テ而シテ政ヲ為スノ
経定ル政ヲ為スノ経定テ而シテ天下ヲ導クノ方明カ

大木喬任「乞定国体之疏」／国立国会図書館憲政資料室蔵

「乞定国体之疏」は、大木が持論を腹蔵なく述べた意見書であるが、同時に、岩倉具視の賛同を得ることを目的として、注意深く練られたことも指摘できる。岩倉の「国事意見書」（明治二年）、「奉儀局或は儀制局開設建議」（明治十一年）には、政体が国体に拠るべきこと、議会開設に際して神代の「公論を採る」政治を参照すること、皇室に関係する規章を憲法から分離することなどが見え、大木の憲法意見と基本姿勢は全く同じである。そして何よりも、岩倉は、自らが関与しなかった明治八年の大阪会議によって、立憲制度への転換の道筋が引かれたことに激怒していた。明治九年、岩倉は元老院に憲法起草の勅語を下賜するに際して巻き返しをはかり、憲法は「わが建国の体」に基づくよう定めたが、岩倉が勅語の起案を託したのは、大木であったらしい。大阪会議は、伊藤博文と井上馨の仲介によって始まり、岩倉と薩長閥のあいだに意見の対立が生じた希有な例であったが、大木は岩倉との連携の再現を狙ったのであろう。

明治憲法体制の成立

明治十四年夏、天皇は北海道と東北の巡幸をはじめ、参議からは大隈重信と大木喬任も随員になった。一行が東京に戻った翌日の十月十二日、明治十四年政変が起き、大隈は辞任を強制される。大隈は、三月に提出した憲法意見で、明治十六年初頭までに憲法を公布して国会を開き、イギリス型の政党政治を実現したいと主張、事前の根回しを欠いた突然の急進論は政府内で激しい反発を呼んだ。さらに、開拓使の官有施設の売却をめぐるスキャンダルに際して、大隈は民権派勢力と連携して政権の奪取を企んでいると疑いがかけられたのである。

　これより先、諸参議の憲法意見を取りまとめた岩倉具視は、あらためて太政官大書記官井上毅に意見書の検討を命じ、井上の提言を容れて、プロイセンの制度を模範とする憲法制定の方針を採用する。井上毅はさらに、憲法起草の主任者に伊藤博文が選任されるよう積極的な運動を行うが、他の一部の参議にとっては、素直に同意できる問題ではなかった。明治十五年三月、伊藤は憲法調査のためヨーロッパに向かう。伊藤にプロイセン行きを勧めたのは薩閥の参議寺島宗則であり、寺島自身は駐米公使になって、アメリカで独自の憲法研究をする心算であった。大隈に代わって筆頭参議になった大木も、土佐出身の新任参議、佐々木高行と連れだって岩倉に面会、伊藤が単純にプロイセン式の憲法をつくったなら国体が損なわれると力説し、岩倉の同意をとりつけた。そして、伊藤の出発前に、「外にしては伊藤寺島力を尽くし、内にしては閣員力を尽くし、……熟議の上、内外一に出るを期す」と、憲法編纂に参議全員の関与を求める天皇の勅旨を得る。佐々木によれば、このころ、天皇の側近である侍講元田永孚は、大木の憲法意見を「至当」と認め、天皇本人も、「大木の分を最も第一御信用」していたという。また大木は、伊藤に随行した司法省大書記官三好退蔵に憲法調査の動向をさぐらせ、ドイツ法学の泰斗、グナイストの講義録を秘密裏に受け取っている。

　伊藤が憲法編纂の功績を独占し得た理由は、明治十六年七月に岩倉が他界し、政府にかれを牽制しうる存在がなくなったからであろう。しかし、大木の憲法意見が、明治憲法体制の形成に影響がなかったわけではない。なぜなら、伊藤の国

大木喬任

体説は、憲法編纂を境に一変しているからである。

伊藤は、十三年十二月の意見書でも、立憲制度の導入は「国体の変更にかかわる」との見解を示したが、憲法起草者のひとりになる金子堅太郎の回想によると、ヨーロッパからの帰国後も伊藤の考えは変わっていなかった。明治十七年九月、伊藤の国体観を憂慮する佐々木高行の諮問を受けた金子は、水戸弘道館記やエドマンド・バークの学説を傍証として、「国体は時勢の変遷と共に変更するものなりとの説は、全く国体と政体とを混同したるに起因するもの」と助言を与えた。数日後、太政官の会議で佐々木の批判を受けた伊藤は、直ちに制度取調局に向かい、金子に反論する。

君は憲法政治を実施しても国体は変換せぬと言うそうだが、それは君の説が間違っている。そもそも国体というものは、国土、人民、言語、風俗等の要素から構成されている。そうして政府はもちろん、学校、鉄道、運河、橋梁等の諸設備も、その構成に含まれている。これを称して「ナショナル・オーガニゼイション」というではないか。その「ナショナル・オーガニゼイション」、即ちが国体である。その国体の内の土地を切り崩して鉄道を架設し、あるいはこれを掘り割って運河を通ずれば国体は変換するではないか。ゆえにその国体の内の政体を郡県から立憲政治に変えれば、国体が変換するではないか。

ところが、憲法草案が枢密院審議にかけられたのちの伊藤は、憲法とドイツの法理論は「国体に適応」、「わが国体に基づく所の主権の解説と相投合するもの」と、盛んに唱えるようになる。明治四十一年、憲法発布二十周年の記念会で挨拶に立った伊藤は、憲法の編纂時から自分は、国体は「断じて」変更しないと考えていたと、実際の経緯とは異なる話をした。演説後、金子に向かって伊藤は、「今日は君の代言をしたのだからナー」と「破顔一笑」する。政府の内輪の会議では、「皇太子に生まれるのは全く不運なことだ。……大きくなれば側近者の吹く笛に踊らされねばならない」と言いのけ、人形を糸で操る素振りまで見せた伊藤である。大木喬任と佐々木高行だけではなく、自身の下僚や、天皇にまで国体不変説の支持が広がった以上、政治を動かし憲法を実現するためには、それを積極的に取り入れるのが、合理主義者たる伊藤の姿勢であった。

十九世紀以降、様々な国で行われた近代化の取り組みが、伝統勢力の反発や、実情にそぐわない過剰な欧化政策によって頓挫する一方、明治日本は数少ない成功例になる。その理由のひとつには、国体概念を巧みに取り込み、比較的安定した国家制度を構築したことを挙げなくてはならない。しかし、明治期においては日本を強国に押し上げたイデオロギーが、わずか数十年後、国家の機能不全と自壊を招いた経緯は、よく知られる通りである。それは、実際の政治には権力を行使し得ない天皇を頂点に置く国家には、避けられない帰結であったかもしれない。

大木と伊藤は、互いを好まず「氷炭相容れざる仲」であったらしい。それでも、天皇と国民はどのような関係にあるべきか、日本という国家の本質は何か、かれらは胸襟を開いて議論を尽くすべきであった。国体をめぐる見解の相違と留保を棚上げにしたまま、明治憲法は「不磨の大典」となり、天皇の神格化は徹底される。しかし、国民を圧迫し、権力者の建前として振り回されるような国体を、大木や伊藤は、はたして望んだであろうか。

山形秋田巡幸鉱山御覧（五味清吉画）　明治 14 年政変直前の大木喬任（奥右）、大隈重信が描かれている。
聖徳記念絵画館蔵

第四章　遺著「進行論」の世界

発病

明治二十一年五月、皇室典範と帝国憲法の枢密院審議がはじまった。元老院議長であった大木は、兼任する枢密顧問官の一人として参加する。会議の初日、皇室典範第一条「大日本国皇位ハ祖宗ノ皇統ニシテ男系ノ男子之ヲ継承ス」について、大木は、添えられた解説文は良いけれども、肝心の条文は十分でないと発言する。

> 今本条の説明を熟読するに、日本の国体は天壌と窮まりなしといい、和気清麿の奏文を引証して、わが国体の最も重んずべきことを祖述し、殆ど間然する所なし。然れども退て正条の立言を顧れば、文意簡単にして、本義のある所を尽くさず、かのしばしば天命をかえ歴朝興廃ある支那の帝室に就てこれをいうも、なおこのごときに過ぎざるべし。これをもって綿々一系の我皇室に比する、豈ただに天壌の差のみならんや。本官もとより文字上の事に付き屑々するを好ま

大木逸太郎

ざれども、正条中にわが国体の重んずべき所以を表彰せんことを切望して止まざるなり。

歴史主義に基づく国体論を説いた大木らしい主張といえよう。このあと、大木は皇室典範の審議にはすべて出席したが、帝国憲法については、初回のみの参加であった。赤十字病院に入院したためである。

大木の病気については、痔であるとか、腸管の壊疽であるとか、様々にいわれたが、のちに結核も併発していたことが報じられた。病状は重く、明治二十年四月に妻朋子を失っていた大木は、長女栄子を後見人として財産の処分も考えるに至るが、一年近くの長わずらいののち、回復する。しかし、入院後まもなく栄子が急死、二十二年六月には、療養のためフランス留学を中断して帰国した長男逸太郎も、同じく結核のため他界した。快気祝いを終えたばかりであった大木は、「悲哀痛悼措くあたわざるあまり肺病再発」（読売新聞）して、再び倒れた。病後の大木は、筆跡さえ一変する。「大木は老いた」と伝え聞くと、「なーに子供が」と当人は鼻で笑ったが、周囲には、やはり気力が失われたように思われた。

病気にくわえて、壮年期の大木が活動の機会を得なかった理由として、部下のあしらいが不得手で、政府に十分な勢力を得なかったことがいわれている。明治中期以降、最大の功業を為した政治家といえば、伊藤博文と大隈重信が挙げられるが、二人は「伊藤伯四天王」、「早稲田四尊」といわれる優れた実務家に支えられていた。そのうち井上毅、小野梓、金子堅太郎には、大木は司法卿、元老院議長として、伊藤や大隈に先んじて接していた。しかし、井上毅は大木に憲法意見書を握りつぶされて怒り、金子堅太郎は、「君は自由民権を唱える由なるが予はこれを許さず」と宴席で放言されて、元老院での立身をあきらめ、一時は転属を考える（金子は、小野梓をはじめ、若手の民権論者との交友があったが、前項で述べた通り、思想傾向はむしろ保守的であった）。

大木に重用された司法官僚の磯部四郎さえ、「自己にへつらう者のみを用いて、他の硬骨の者どもは近づけないという風であるから……有為の士は皆逃げ去って他へ参る様になる」と言っている。大木の才識は豊かであったが、その反面、他者の容喙（ようかい）を極度に嫌い、事務の丸投げが出来ない性格だった。大臣でありながら、みずから修身教科書を執筆しようとしたのも、その一例であろうし、大木は馭者台から自分で馬車を乗り回しているという笑い話まであった。大隈は大木をサソリに例えたことがある。海老の殻と蟹の鋏を持ち、縄張りを固守する様子が似ているというが、闊達に生きた大隈の痛烈な皮肉と見ることもできよう。

明治二十五年の政情

明治二十二年十二月、山県有朋内閣が発足、大木は元老院議長から枢密院議長に転じ、主に民法典の枢密院審議を統括した。二十四年六月、伊藤博文を枢密院議長に宛てるため、大木は文部大臣として松方正義内閣の一員となる。一年二ヶ月の在任中、明治十年代中頃にはじまった国家主義的教育はさらに推進され、大木の演説や訓令にも、興味深い内容のものが多い。しかし、当時の大木が、より

明治初期の元老院と元老院議事堂／長崎大学附属図書館蔵

積極的に関係したのは、選挙干渉と法典論争であった。

よく知られている通り、明治二十三年十一月の議会開設後、政府と民党の衝突は続き、明治二十四年十二月、議会ははじめて解散、臨時総選挙に臨んだ松方内閣は、内務大臣品川弥次郎、内務次官白根専一を中心に大々的な選挙干渉を行った。巡査の率いる暴漢が民党の集会を要撃し、民党派の壮士は駐在所を襲って報復、全国で二十五名が犠牲となったが、佐賀県では最も多い十人の死者が出た。改進党の首領大隈の出身地であるところに、同じく佐賀人の大木が直に干渉を指示した結果である。

佐賀での選挙活動を指揮した司法官の古賀廉造は、そもそも内閣で選挙干渉を立案したのは大木であり、そのもくろみは、議会の多数派に吏党をあげ、自らの政治勢力を得ること、そして機会を得て総理大臣となったならば、「帝国における議会はなお早し」と、伊藤博文がつくった憲法を停止することにあったと主張する。たしかに、当時の新聞にも、大木は明治十二年以来の議会尚早論を繰り返している。また、内閣において、大木は松方首相、伊藤枢密院議長に次ぐ序列を有しており、すべてが思惑通りに運び、薩摩閥との提携ができたならば、大木総理大臣の誕生も夢ではなかったかもしれない。しかし、大木は佐賀で子飼いの元官僚などを当選させたものの、全国では民党が圧勝、選挙後に招集された第三議会で内閣不信任案が可決され、内閣の継続すら困難となる。

選挙後の議会には、すでに公布されていた明治二十三年民法の施行延期法案が、イギリス法学者を中心とする反対派から提出された。法学者穂積八束（ほづみやつか）が「民法出（い）

でて忠孝亡ぶ」と叫んだように、論争は法律の枠を超えて、旧来の文化伝統の是非にも関係するきわめてデリケートな問題と化していた。編纂に長年尽力した大木は、司法大臣田中不二麿から貴族院での民法擁護を委嘱される。ふだんは寡黙である大木が行った演説は、「意気はなはだ切迫して言辞に尽くす能わざるものの如く熱情満場に溢れたり」（『朝野新聞』）、「その勇気なかなか老余の人とは思われず」（『横浜毎日新聞』）と、驚きをもって報じられた。

大木の演説に先立ち、貴族院議員を兼任する帝国大学総長加藤弘之が登壇して、法典施行の延期を唱えた。加藤によれば、ボアソナードの起草した民法が天賦人権説、個人の権利は天与のものであるという考えに立脚する一方、帝国憲法は、すべての権利は国家主権から許し与えられるという見解をとる。憲法と矛盾する民法典は許されず、さらに天賦人権説は学説としても古いと加藤は発言した。それに対して大木は、「国家の主権のために人民の権利を動かし得らるるということがござりましょうか。……国家のために権利を折らるるというようなことであれば、人民が国家の奴隷というものである」、「民法とか商法とかいうものはどうかと申しますると、世界共通する所の道理に依らざるを得ませぬ。……人を害するなかれというのが原則で、人に借りたる金は返さなければならぬ、品物を買うたなら代金を払わなければならぬという原則に他なりませぬ。……これは天賦の権利と申さざるを得ませぬ」と応酬する。帝大総長と文部大臣の争論は波紋を呼び、教育界では主要雑誌四誌がすべて法典延期説に支持を表明する。特に、雑誌『国家教育』は、天賦人権説を「根拠なき妄想に出でたる……百害あるも一益なき邪説」と痛罵し、国体論者であるはずの大木文部大臣は変節したのかと名指しで批判して、大木を怒らせた。一部の教育者に広がりはじめた国体観と、大木の考えに乖離が生まれはじめたことをうかがわせる。議会での法典論争は、結局反対派が勝利をおさめ、民法施行は延期された。のちに政府は民法編纂のやり直しを決定し、大木が長い年月を費した法典は、放棄されるのである。

二月後、松方内閣は倒れ、大木は枢密院議長に再任する。まもなく、大木邸の訪問者が、教科書検定の書類を盗み新聞に漏洩するという事件が起こり、二十五年十一月、大木は辞任、顧問官のひとりとして枢密院に残ろうともせず、麝香間(じゃこうのま)祗候(しこう)になった。仕事といえば、行事に参列するだけの閑職である。

「進行論」の執筆

その後、新聞で時折報じられた大木の様子は、別荘に遊び碁を楽しみ、「ほとんど世事を知らざるものの如し」(『日本』)であった。ただ、その影では、松隈内閣を支援し、自らも、第二次伊藤内閣へ農商務相として参加、あるいは貴族院会派の懇話会に属する谷干城(たにかんじょう)との連携、佐々成政(さっさなりまさ)等の帝政党の党首就任などの機会もあった。しかし、大木はいずれの場合も、政治への復帰を見送っている。

晩年の大木のもうひとつの取り組みが、自著の執筆であった。文部大臣在任中の明治二十五年頃、大木は「是(これ)までの学者や史論家の未定見の処を打破して……日本の国体は決して動かすべからざるもの」という持論の出版を考え、「文学に長じて……命令通りに起草をする男」をさがし、『東京新繁盛記』の著者服

大木喬任と家族（明治 28 年）
右から石原敬之（政子の夫）、四女達子、喬任、三女政子、遠吉、次女豊子

部誠一に面会した。ところが、何が気に入らなかったのか、服部は借金があるなど、不明瞭な理由で結局謝絶し、仲介の労をとった司法官磯部四郎をあきれさせた。政府を退いたのち、大木は自著の刊行という仕事に、自らとりかかる。明治三十一年四月、大木喬任六十七歳の春、芝葺手町の大木邸で観桜会が開かれた。このとき、同郷人で、維新後は長く判事をつとめた荒木博臣に、大木は相談を持ちかけている。

> 衆賓が帰宅した後で、大木公は拙者にむかって、めずらしくも貴公は宗教の事をどう思うか、また人間の希望は何であるかと尋問を受けたから、拙者、人間の希望は第一政権を執る事である、政権さえ握ればその他の事は何なりとも意の如くならざるべからずと、かく答えた処が、大木さんは、いやその様な茫(ぼう)漠(ばく)たる話では駄目だ。人間万事欲望ならざるは無しであるから、およそ現世の幸福を希望せざるものはあるまい。釈迦は現世の幸福を得られざりし故に未来の幸福を説いた。未来の事を説いても幸福は得られぬ。耶蘇基督(ヤソキリスト)もまた然(しか)り、現世にては不遇である故に未来の事を説いた。
>
> 孔子は未来の事を説かず、また現世の幸福をも得られなかった。ただ道を以(もっ)て説いた。……三聖人の説く所のものは皆な非なりと思うから、自己は現世にて幸福を得られるという事を書いた。ちゃんと書いた。君は学者であるから、君にだけは是非とも見せるといわれた。

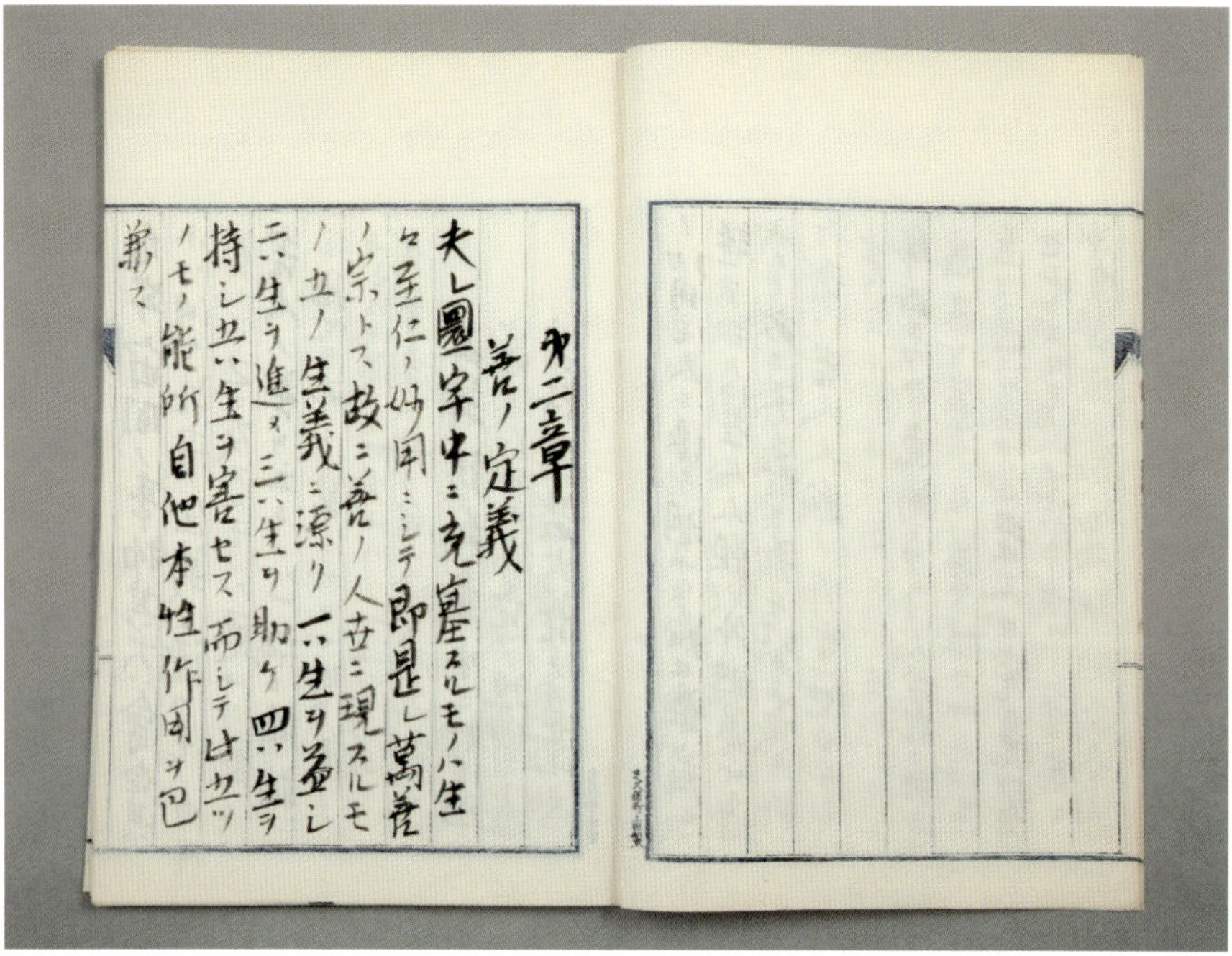

第二章
善ノ定義
夫レ圜宇中ニ充塞スルモノハ生々至仁ノ妙用ニシテ即是レ萬善ノ宗トス故ニ善ノ人世ニ現スルモノ五ノ生義ニ源リ一ハ生ヲ益シ二ハ生ヲ進メ三ハ生ヲ助ケ四ハ生ヲ持シ五ハ生ヲ害セス而シテ此五ツノモノ能ク自他本性作用ヲ包兼ス

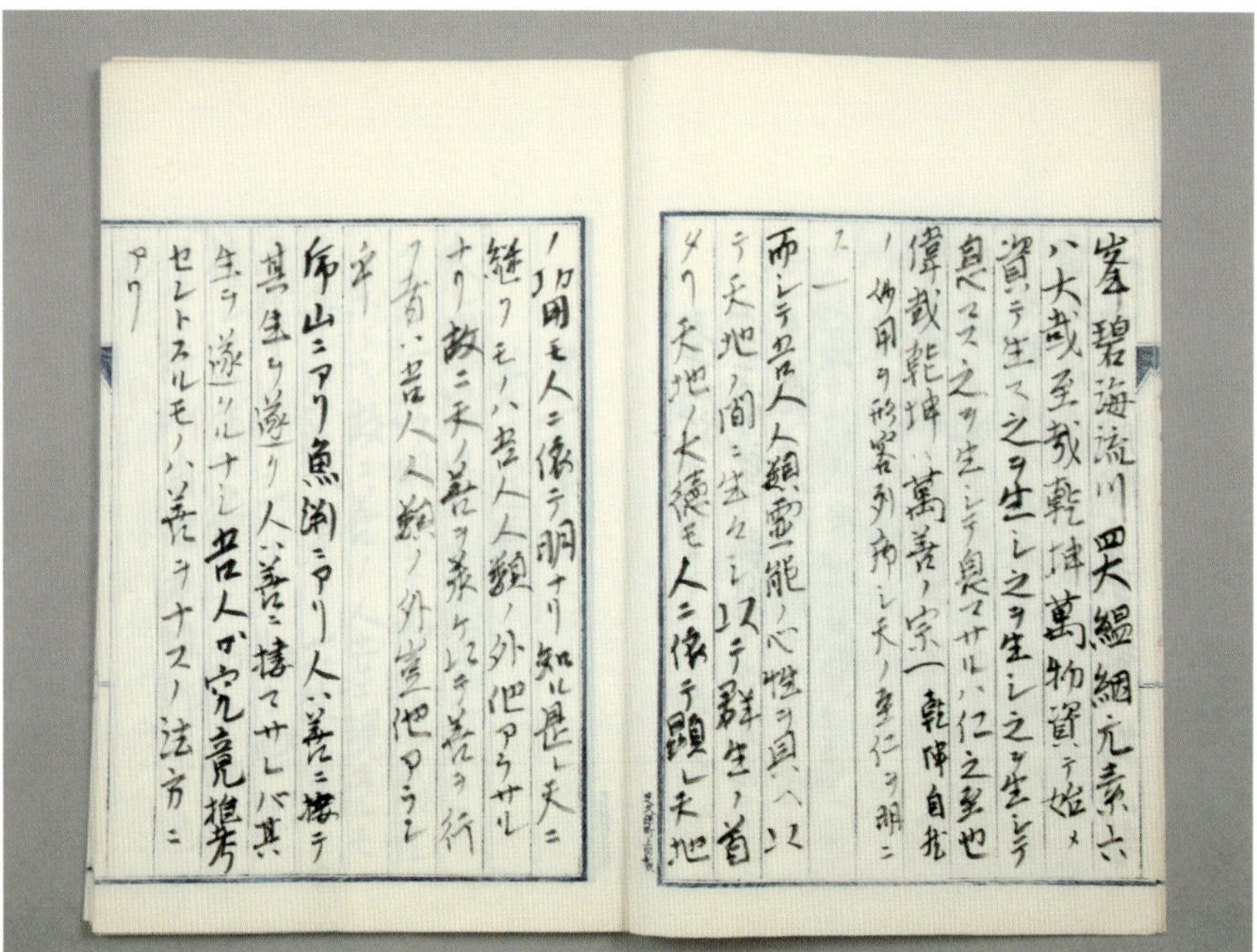

峯碧海流川四大組細元素六ハ大哉至哉乾坤萬物資テ始メ資テ生ス之ヲ生シ之ヲ生シ之ヲ生シテ息ヘマス之ヲ生シテ息マサルハ仁之至也偉哉乾坤ハ萬善ノ宗一乾坤自然ノ妙用ヲ形容列布シ天ノ至仁ヲ明ニス一

而シテ吾人人類霊能ノ心性ヲ具ヘ以テ天地ノ間ニ生々シ以テ群生ノ首タリ天地ノ大徳モ人ニ依テ顕レ天地ノ妙用モ人ニ依テ明ナリ知ル是レ天ニ継クモノハ吾人人類ノ外他アラサルナリ故ニ天ノ善ヲ承ケ此ヲ善ヲ行フ者ハ吾人人類ノ外豈他アランヤ

鳥山ニアリ魚淵ニアリ人ハ善ニ據テ其生ヲ遂ク人ハ善ニ據テサレハ其生ヲ遂ルナシ吾人カ究竟推考セントスルモノハ善ヲナスノ法方ニアリ

大木喬任「進行論」／国立国会図書館憲政資料室蔵

憲政資料室の大木文書中、「大木喬任人世論」と仮題を付された原稿数種が、荒木が聞いた著述である。その自注に、「維摩経は小乗を破するに長者を仮り、進行論は真正を顕すに生徒を仮り、以て通篇の開結を示し、傍ら長者生徒反対の果を示す」とあり、大木がさまざまな古典を念頭においたこと、自著は「進行論」と題されたことがわかる。なお、初期の草稿は、明治二十一年、長男逸太郎の病状についての書翰案と共に綴じられており、「進行論」の原案は、十年近く前、大木の一生において最も困難な時期に生まれたのではないか。

親しかった国学者木村正辞、荒木と同じく佐賀出身の司法官高木秀臣も、大木から直に話を聞いている。高木は特に「進行論」の目論見を説かれ、さらに大木自身による草稿の朗読を聞いた。

もともと自分の積りでは、経書のように一字一句の中に無量の意味を含蓄しているように作り上げ、それにどうでも註釈の出来るように致す見込みであったのだ。してそれが出来上れば、洋文では英仏独三体の文章に訳して広く外国にまで出そう、洋人にまで読まそうという位の意気込であるから。そうともそうとも、漢文は勿論の事さ。……このことは誰も知らないが、病気に（なる力）なって少し前のことであったが、意見書を書いたから、自己が読むから聞いて呉れろといって直立して読みはじめた。これは西洋館の二階であったが、誰も他に聞いているものはなかった。そのところで読みあげてしまうと、この意見は貴公どう思うかというから、拙者大いに反対をいたしたところが逆鱗に触れてな。な

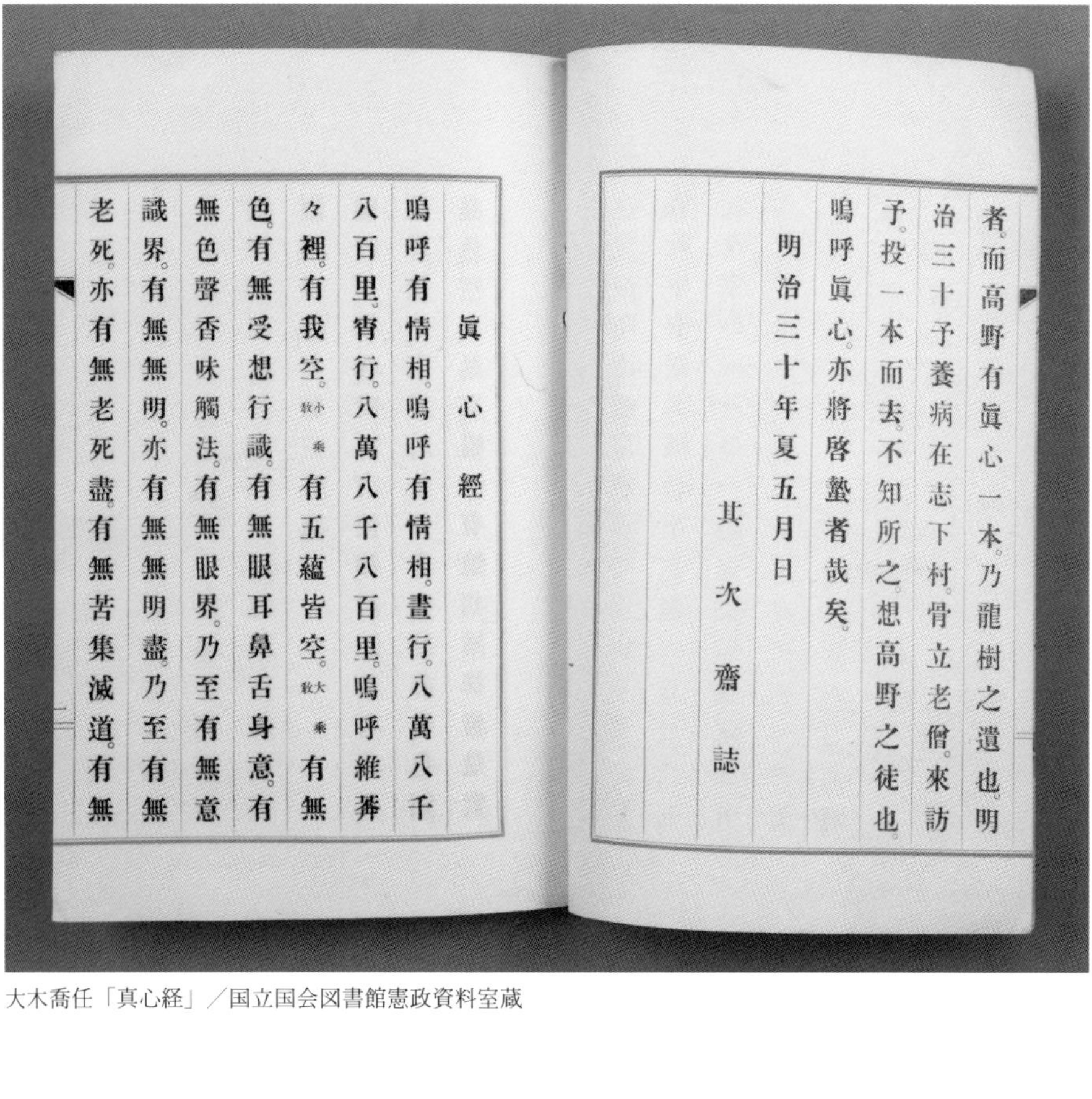
者。而高野有眞心一本。乃龍樹之遺也。明
治三十予養病在志下村。骨立老僧。來訪
予。投一本而去。不知所之。想高野之徒也。
嗚呼眞心。亦將啓蟄者哉矣。
明治三十年夏五月日
其次齋誌

眞心經
嗚呼有情相。嗚呼有情相。晝行。八萬八千
八百里。宵行。八萬八千八百里。嗚呼維莽
々裡。有我空。（小乘教）有五蘊皆空。（大乘教）有無
色。有無受想行識。有無眼耳鼻舌身意。有
無色聲香味觸法。有無眼界。乃至有無意
識界。有無無明。亦有無無明盡。乃至有無
老死。亦有無老死盡。有無苦集滅道。有無

大木喬任「真心経」／国立国会図書館憲政資料室蔵

かなか腹を立(立てたカ)った。真赤になって怒った。あんなに怒った事もめずらしいと思う位であったよ。

「大木の本」は友人たちのあいだで噂になったが、内容もさることながら、何事にも慎重な大木の筆が、あまりに遅いことも心配された。大隈重信は、「いくら気が長いと云つても大抵程(ほど)というものがある。人間の寿命にも限りがあるからな」といい、高木秀臣はもっとあからさまに、いったい何時まで生きるつもりか、孔子の『春秋』の真似はとても出来まい、それよりは大抵にして書いた方がよろしい、と直言して、大木をふたたび怒らせている。

後になってみれば、それは虫の知らせであった。大木はまもなく脳卒中と思われる病に倒れ、明治三十二年（一八九九）九月二十六日、長逝した。十章までが残る「進行論」の稿本、同時に進めていたらしい旧著「奨言」の補削は、どちらも文章の途中で中断している。それゆえ「進行論」は、のちの史料では主に「遺著」と呼ばれている。

「真心経」

「進行論」の中心にある思想は、揺るぎない現実主義と、「進行」という言葉にあらわれる通り、人間の将来の肯定である。そうした世界観を考えるうえで欠かせない史料に、「真心経」という仏経典がある。「シンジンキョウ」と読むのであろう。原本は所在不明だが、大木の子・遠吉が明治三十五年に複製した小冊子が

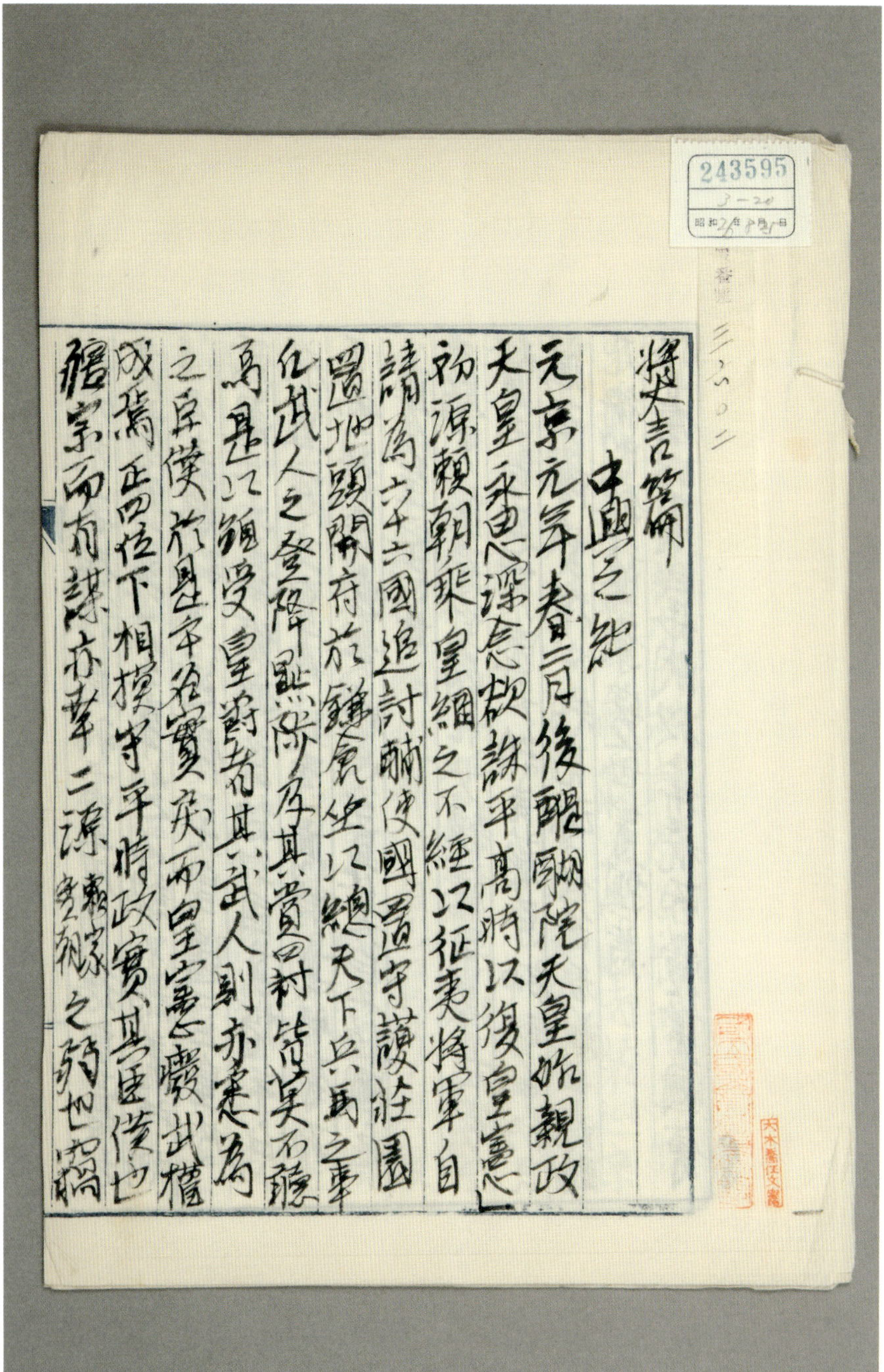

奨言篇

中興之紀

元亨元年春三月後醍醐院天皇始親政
天皇乗運、深念欲誅平高時以復皇憲、
初源頼朝乗皇綱之不振以征夷将軍自
請為六十六國追討補使國置守護荘園
置地頭開府於鎌倉以總天下兵馬之事
凡武人之登降黜陟序其賞罰莫不稟
焉是以雖受皇爵者其武人則亦悉為
之臣僕於是乎名實爽而皇憲壞武權
成焉正四位下相模守平時政實其臣僕也
聰宗而有謀亦幸二源（頼家 実朝）之弱也而竊

大木喬任「奨言篇」／国立国会図書館憲政資料室蔵

残っている。この、大蔵経にも載録のない経典が何者であるのか、大木喬任自身による序文は、驚くべき内容となっている。

かつて、南インドにあった鉄塔が壊れ、多くの経典が現れた。真心経も、このなかにあった。伝えられるところでは、釈迦の死後、「半空」の教えである小乗のもと、最初の五百年が過ぎ、第二の五百年にいたって「全空」の教えである大乗が輝く。そして、五百年を四たびは超えず、第五の五百年にはじまりがある。花より実が出、無から有が生まれる。華厳経も真ではなく、真実を説くものは真心経のみ。それが世に現れるのは、第五、第六の五百年である。時を得ないまま世に広めてはならない、謹んで漏らさないようにと釈迦は言ったのだろう。龍樹も秘して伝えず、みずから真心経を隠したのだった。仏の教えは東漸し、インドと中国では多数の仏書が失われた。そして、日本の高野山に、真心経一巻があった。すなわちこれが、龍樹の遺物であろう。明治三十年、沼津の志下村で療養していた私を、ひとりの痩せた老僧が訪い、経文一巻を投じて去った。僧の行き先は分からないが、おそらく、高野山の徒であろう。ああ真心経よ。まさに啓蟄（けいちつ）の時を迎えたのである。（原文は漢文）

ところが、遠吉の跋文によると、「真心経」の文章をつくったのは大木喬任自身であったという。大木はなぜ、このような異例の創作をしたのだろうか。真意は推測するほかないが、大木は若いころから仏教に深く関心を抱き、晩年には、平田篤胤（ひらたあつたね）の『印度蔵志』の原本を、わざわざ平田家から取り寄せている。大乗非仏説、大乗の思想と教典は釈迦の後世につくられたと説く著述である。仏教東漸の過程で、経文の形を借りた新説の主張があったという歴史を踏まえたうえで、大木は自分の仏教の解釈を、新たな経文として残そうとしたのではないか。

「真心経」は、多くの文言を般若心経から引用し、それをさらに論駁する形式をとる。「有情相」、すなわち目に見える世界の諸法こそ実相である。「空」と「色」は峻別され、般若心経が否定する五感と意識界は全て肯定される。「真心」の意は、まことの心経とも解しうるが、『大乗起信論』に、「不空とは……即ちこれ真心なり」と、有をつかさどる心の領域を「真心」と呼ぶことに由来するのであろう。そして、意識界を主宰する「心王」の働きによって、人間の社会生活が実現し、諸悪は滅せられ、「進行」が可能になるという。

意識界には「心王」がいて、自在宮に住んでいる。名を「礼曾莽羅古餐」（文意不詳）という。心王は慈悲に満ち、大いなる力と大いなる光を持っている。その光のなかに世界は限なく照らされる。心王が大いなる慈悲を発することで、悪しき思いの根は断たれる。あるいは後悔の苦しみと愁いを生むことで、悪は滅ぼされるのである。

ああ、善なる人々よ。あなたがたは無量であるが、心を同じくし、想いをひとつにするのである。それゆえに、人々を集めることも、あるいは人に従うこともできる。このようにあなたがたは群れをつくり、そのために耕す者だけが食物を得ることも、機織り人ばかりが衣をまとうこともない。ここに、「縁」（つながり）と「境」（ちがい）が生まれ、世界はさまざまに彩られる。縁は深く、また広く、境には親しみと、□（一字欠）がある。縁はまた限りがなく、境もまた限りがない。ただ心王のみが縁と境を主宰し、理にかなう。戻るところを無からしめ、一切の悪を除くのである。これは、真実にして虚妄ではなく、真心は自在に安住する。世界は光のなかを進行し、仏土に至る。（原文は漢文）

「進行」の意味するもの

「真心経」では、「有」を是認し、「進行」を基調とする世界観の概略が述べられた。西欧の啓蒙思想家、あるいは最初期の社会学者と共通する平明な考え方である。「進行論」では、大木は主張をさらに進め、人はどのように生きるべきか、善を行うべき義務、歴史への姿勢、国家主義と個人主義の対立など、個々人の具体的選択まで論じようとした。

第一章「人世の目的如何」は、未完に終わる「進行論」の展開を概説する核心的部分である。大木は冒頭で、世界各国、過去と未来に通じて広がる人間社会を「人世（じんせい）」と規定し、その目的は「最大幸福を遂ぐること」に他ならないという。人はこれを、西洋の功利主義者の学説を借りたもの、あるいは、人間の大多数が日々の糧を得ることにすら苦しむ現実を無視する空論というだろう。しかし、幸福が「一部の占有者」に帰するなら、「人世は暗黒敗壊（あんこくはいじょう）のみ」、人間の尊さは失わ

ノ月ノ如キナリ
未タ酪ヲ出サス況ヤ醍醐ヲヤ
釣光ヲ以テ月ト為ス莫レ依俙
トシテ藏身ノ露アリ
安ソ知ラサラン其嘗テ事實トスル
所ノ貪見狼疾誤謬舛錯ナ
ル影事ハ轉シテ圓滿無欠ハ完全
安定ノ域ニ進ムベカラサルナキヲ
貪見狼疾誤謬舛錯ナル事
實即チ影事ノ証明ハ後敘

芝久保町上田製

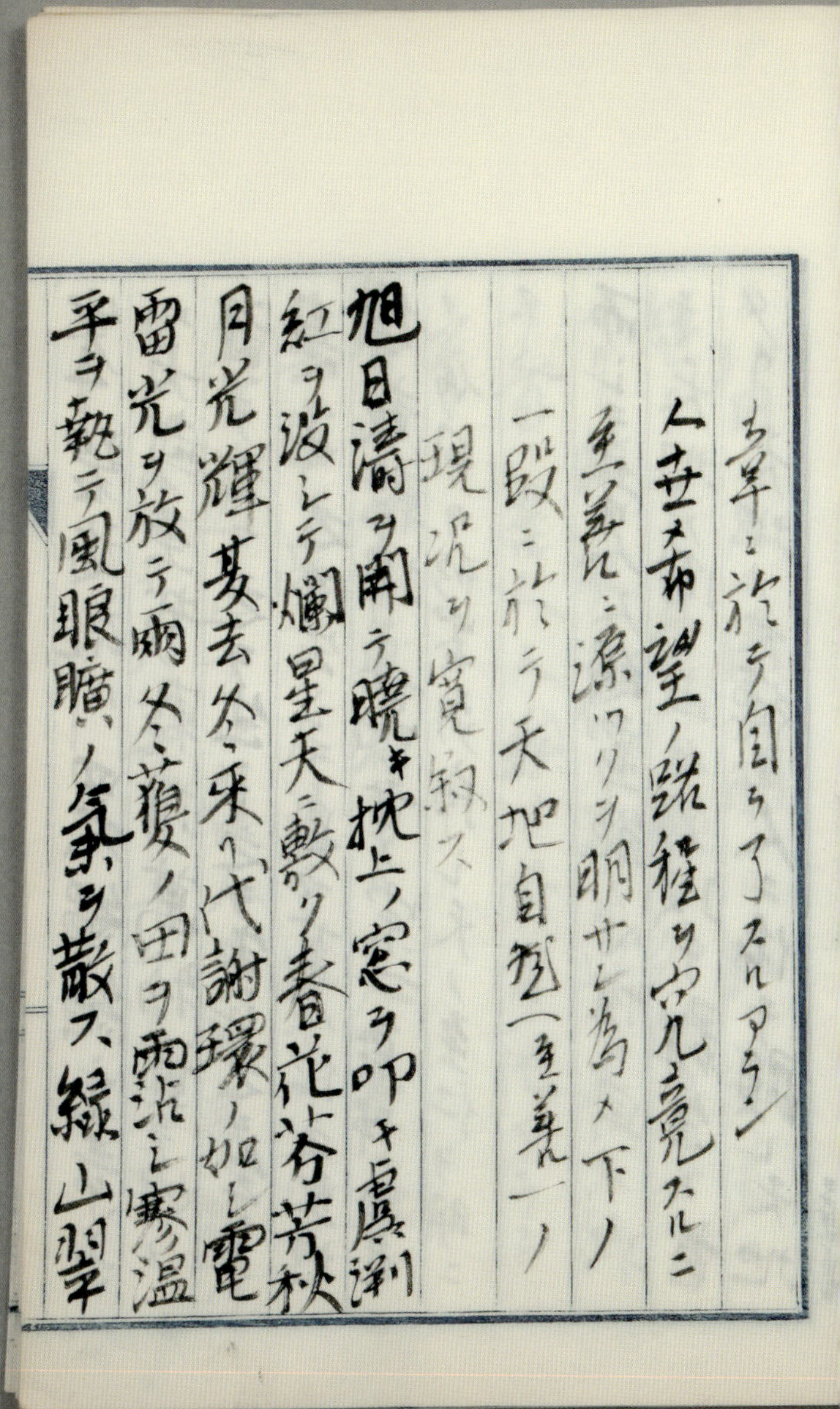

大木喬任「進行論」／国立国会図書館憲政資料室蔵

れる。そして、幸福だけではなく、人は善を求めなければならないと大木はいう。

そもそも、かれ等の拠て以て観察を下す所の事実は、貪見狼戻誤謬奸錯より成立せし影事を捉うるものにして、いずくんぞ道理の進路を遮躙し以て人世をするを得んか。かつ夫れ歴史の人世に現するもの五千年、これ短時というにあらずと雖も、人世寿の曠却に比すれば、今はすなわちこれ蹉跎の時にして、なお乳蘇の味釣初の月の如きなり。いずくんぞ知らざらん、そのかつて事実とする所の貪見狼戻誤謬奸錯なる影事は、転じて円満無欠完全安定の域に進むべからざるなきを。

旭日濤を開て暁き枕上の窓を叩き、虞淵紅を没して爛星天に敷く。春花芬芳秋月光輝、夏去冬来り代謝環の如し。電雷光を放て雨冬穫の田を霑し、寒温平を執て風眼曠の気を散ず。緑山翠峰碧海流川四大絪縕元素六八、大なるかな至なるかな、乾坤万物資て始め資て生ず。之を生じ之を生じ、之を生じて息まず之を生じて息まざるは仁の至也。偉なるかな乾坤は万善の宗。

しかして吾人人類霊能の心性を具え以て天地の間に生々し以て群生の首たり。天地の大徳も人に依て顕れ天地の功用も人に依て明なり。知る是れ天に継ぐものは吾人人類の外、他あらざるなり。故に天の善を承け以て善を行う者は吾人人類の外、豈他あらんか。

虎山にあり。魚淵にあり。人は善に接てその生を遂ぐ。人は善に棲まざればその生を遂ぐるなし。吾人が究竟推考せんとするものは善をなすの法方〔ママ〕にあり。

大木遠吉

大木喬任の墓（青山墓地）

大木喬任の銅像（東京裁判所）

大木を知る人の多くは、かれの一生の到達点となった書物が、「国体」ではなく「進行」という耳慣れない理念を掲げたことに驚いただろう。しかし、大木にとって、国体の不変と国民の進歩は、何ら矛盾する概念ではなかった。むしろ、国体あるがゆえに、国民の幸福と進歩は実現する。また、国体は、天皇が神聖であるがために尊いのではない。国民に実利をもたらすがゆえに、護られるべきなのである。大木の思考の本質は、明治初期の「建国策」執筆時から変わらなかった。ただ、明治十四年の「乞定国体之疏（こくたいをさだむるをこうのそ）」では天皇と定められた「天に継ぐもの」が、「進行論」では、「吾人人類」にまで対象が拡げられている。政府を離れた大木は、文部大臣としての立場も、在野の民権運動との対決も忘れて、より自由に筆をふるったのだろう。

　大木喬任自身は、少なくとも今日的意味では、平穏無事で「幸福」な一生を送ったようには思われない。大木は二度、結婚に失敗し、三度目にようやく得た家庭では、病魔のために妻子を次々に失った。また、無二の同志であった中野方蔵、江藤新平を大木は救えず、かれらの死後はついに理解者を得なかった。それでも、歴史の総体をとらえようとした大木は、人間の将来に希望があると唱えることを、晩年の自分にふさわしい仕事と考えた。百年、あるいは千年という大きな流れのなかには、人類の進歩が、「進行」が確かにあると大木は信じたのである。十九世紀の日本は、「跢嗲（しゃだ）の時」、はいはいを始めたばかりの赤ん坊に過ぎない。その赤ん坊が、いつか立つように育てることが、大木喬任の生涯の意義であった。
そして、今日の私たちが、大木の事跡を振りかえったとき、一人の人間が歴史に対して負うべき義務を、かれは十分に果したように思われるのである。

喬任没後

本書の終わりに、大木喬任没後の事柄を述べておきたい。大木が死んだ明治三十二年頃は、『大隈伯昔日譚』、『氷川清話』、『岩倉公実記』をはじめ、多くの伝記と回想録があらわれ、明治維新は三十年を経て、「歴史」になりつつあった。大木喬任の子、遠吉は、父親の伝記を自ら書くと決意し、襲爵後まもなく、資料の整理と収集に着手する。

大木遠吉は、特殊な環境に育った人間であった。文部卿の子でありながら、学校に行かなかった。病気がちで、顕官の子弟が通う学習院を「気に喰わなかった」からである。家の書生たちから算術の手ほどきを受け、父の部下を個人教師として外国語を学んだ。そして、父の蔵書を読みふけり、枝吉神陽の朋友であった碩儒（せきじゅ）、相良励斎（さがられいさい）の左伝講義に接して、歴史学に開眼する。父親と同様、史論にも手を染めていた遠吉にとって、大木喬任伝の執筆者には、自分が最も適していると思われただろう。

明治三十七年（一九〇四）、青山霊園に壮麗な墓所が落成し、四十三年には、法律書を携える喬任の銅像が、東京裁判所の中庭に建てられた。一方、伝記編纂は進まなかった。くわしい事情は分からないが、諸家文書のほとんどが非公開で

大木家墓所（吉野ヶ里町・西往寺）

大木伯旧宅趾記念碑（佐賀市）

あった当時、資料収集は容易ではなかった。明治四十一年には、遠吉は貴族院の伯爵議員に互選、執筆に割くべき余裕を失ったとも考えられる。

大正六年（一九一七）、奠都五十周年の年、大木遠吉は「東京奠都始末」を時事新報に連載し、さらに自著『新日本と遷都』を出版した。木戸孝允の文書に見出された三条実美宛意見書を紹介し、大木喬任が東京奠都の第一の提言者であったと主張するものである。同じ年、遠吉は父より受け継いだ蔵書を私設図書館「南葵文庫」に寄贈し、芝葺手町の屋敷を売却する。佐賀出身の官僚で、喬任の代から大木家と関係のあった古賀廉造によると、それはすべて、政治活動でつくった借金返済のためであった。

遠吉氏も金に対する限り親譲りの恬淡さがあった。……政治に関係をもつようになってからの散財はもっと輪をかけた徹底振りであって、瞬く間に四十万円の借金をした。この整理には非常に困って、高利貸から借りていたものが祟って、散々の目にあったが、どうにか弥縫することが出来た。先生（大木喬任）が生きている頃、常に「印形を大事に保管してくれ、借金をさせてくれるな」といっていたので、「それにも拘らずこんなに沢山の借金を仕出かして」と責めると、遠吉氏は「親爺を再び生き還らせても決して文句を言わないであろう。私の借金は一切国家のために使ったものだ」といっていたが、実際それはそういう観があった。

父と子の間は平坦ではなかった。明治二十年に妻朋子が他界したのち、大木が家に置いた女性と遠吉は折り合わず、親類でも、家にこもりがちの遠吉を馬鹿よばわりするものがあった。しかし大木は、遠吉に期待をかけていたのだろう。選挙干渉の際は、当時二十歳の遠吉に、佐賀への指示を代筆させている。また、晩年の著述につながる自己の思想も、遠吉に直に伝えていた。遠吉が自著で論じた国体観は、ほぼ父親の説そのままである。「父は……いつも酒を飲む時は『オイ遠吉、お前も一緒に酒でも飲んで気焔(きえん)を吐け』と言って盃をくれる。吾輩はその盃を受けて父と舌戦するのを無上の快楽としていた」。遠吉が接した大木喬任は、他の人間が知らない顔を見せている。

政界入りした大木遠吉は、その後、司法大臣、鉄道大臣となり、大正十五年(一九二六)、旅行途中の京都で急死した。遠吉による大木喬任伝はついに完成せず、集められた史料数千点は、戦後、国会図書館憲政資料室と明治大学に譲渡された。遠吉の死の翌年、大木喬任の生誕地近くに公園がつくられ、喬任、遠吉の顕彰碑が並んで落成した。盛り土の上に置かれた巨碑は、それぞれ、碑の頂点を欠いたように、不均衡な姿をしている。しかし、いびつな輪郭の線が、ふたつの碑の間に連続するようにも見え、それはあたかも、父子が並び立ち、ひとつの円を描くかのようである。

おわりに

平成十六年の春、大学院博士課程に進んだころ、恩師の島善高先生に大木喬任の研究を勧められた。はじめは、お断りを申し上げたはずである。私は、修士論文で法典論争を取りあげたので、大木には多少の興味があった。ただ、魅力的な人物にはどうしても思われず、誤解を恐れずにいえば、ゼミの学友が副島種臣や江藤新平をテーマに選んだのに、自分はどうして大木なのか、不満もなかったとはいえない。

史料を読み始めてまもなく、私は自分が先入観にとらわれていたことを知った。大木遠吉と速記者内田鉄三郎がまとめた回顧談の記録、「談話筆記」には、時代の転換期を生きた人々の息吹が、たしかに感じられた。それまでほとんど顧みられなかった大木文書の解読は、一日一日に新たな発見があり、大木自身の一生にも、私は共感を覚えるようになった。なぜ、大木喬任の研究をはじめたのか、これまでに幾度となく尋ねられたけれども、理由はかくの通りである。

本書では、大木喬任にとっての歴史研究の意義を、私は特に論じたかった。昨年三月、執筆の準備にかかった頃、東日本大震災が起きた。今日の社会に、過去の教訓が十分に生かされていないことが、あらゆる形で示されたのである。また、私たちはこれからどうすればいいのか、それすらも答えは容易に見つからな

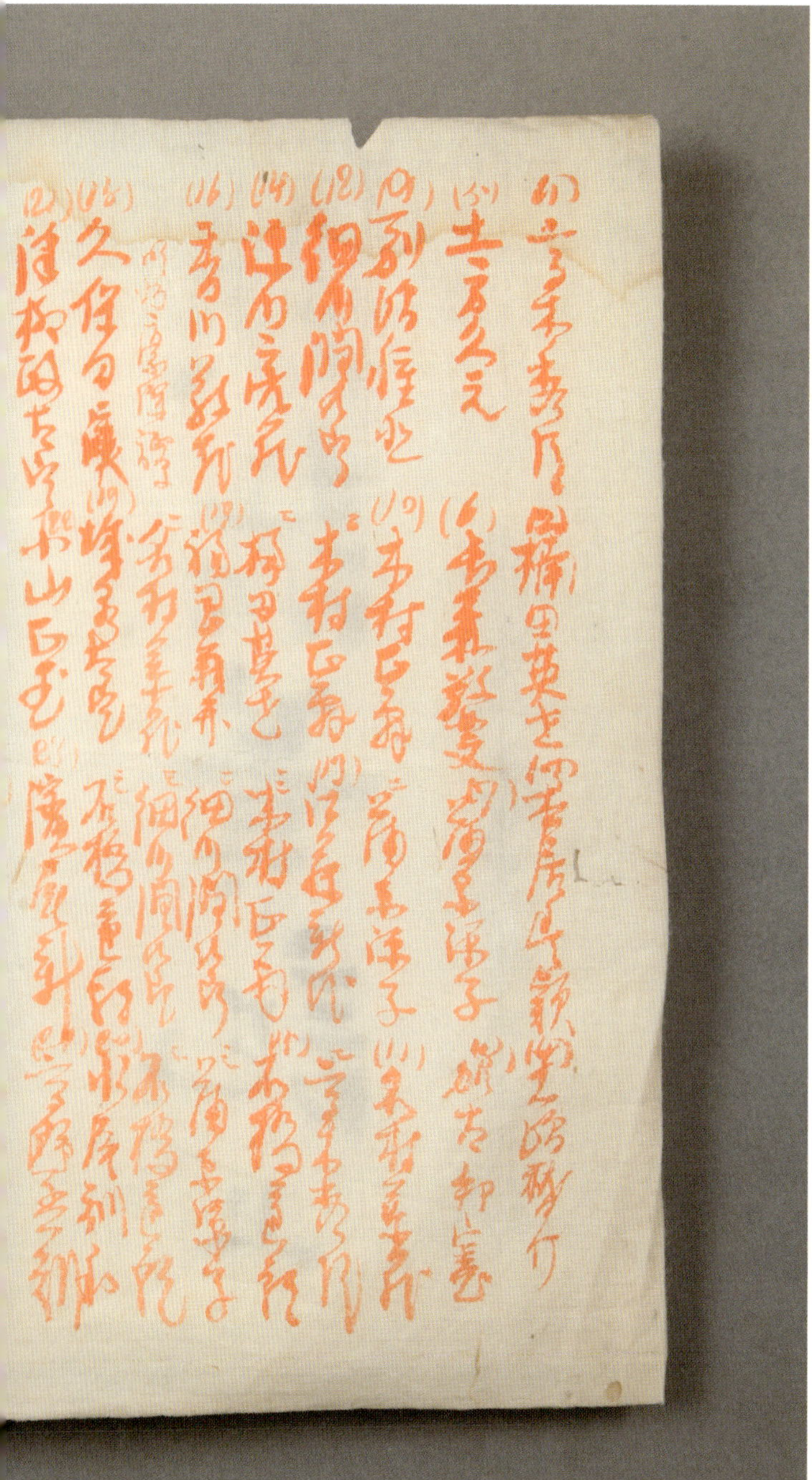

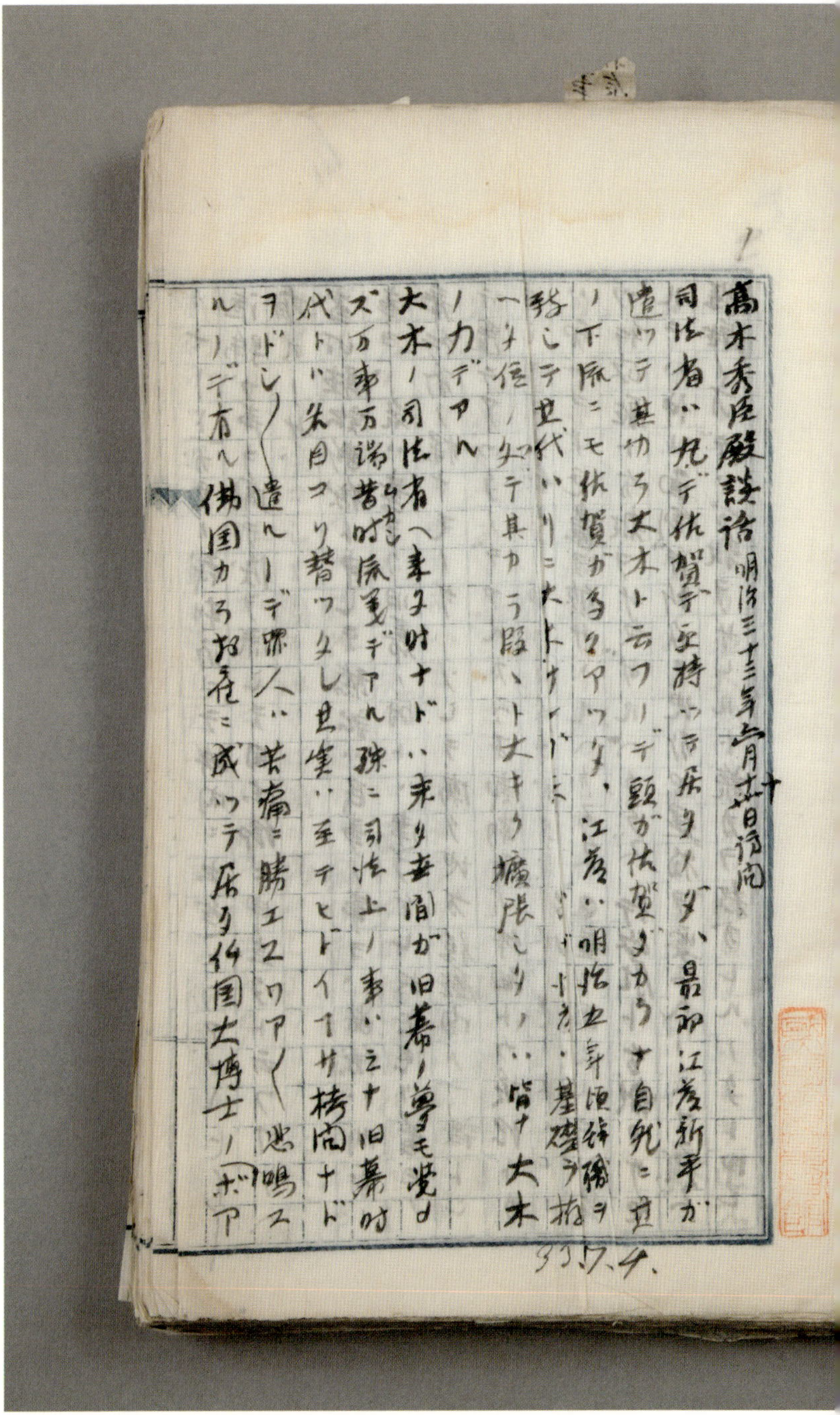

「談話筆記」／国立国会図書館憲政資料室蔵

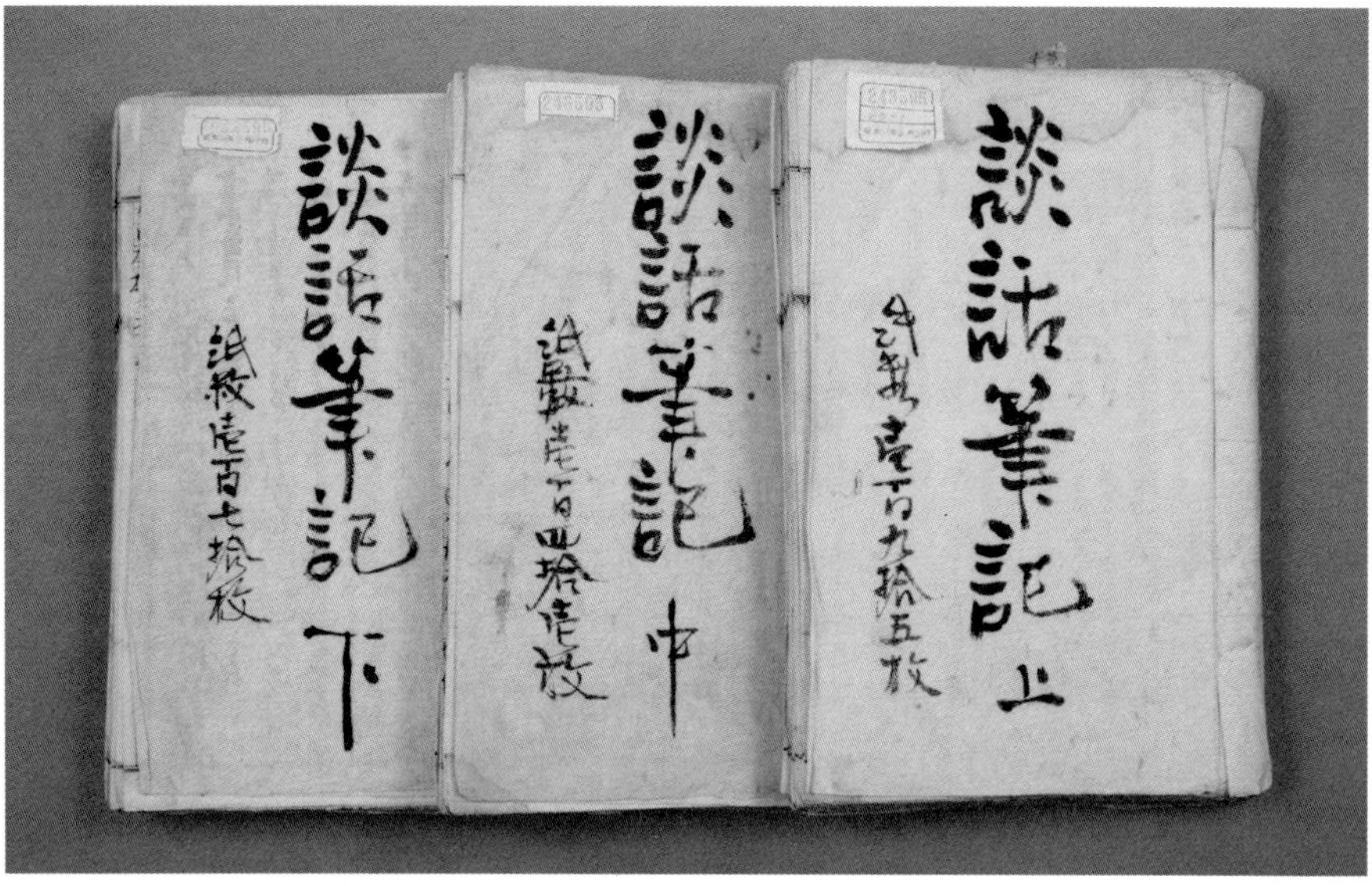

「談話筆記」／国立国会図書館憲政資料室蔵

い。歴史に学べ、希望を信じよと大木の「進行論」はいう。しかし、震災後の今、歴史学は目前の現実に対してどれだけの貢献ができるか、私は自問せざるを得なかった。

だが、こうした困難は、大木自身にとっても同じだったはずである。東京遷都の是非得失、あるいは征韓論争の際、どのように行動するべきか、資治通鑑にもどこにも、答えは書かれていなかった。歴史は過去の経験の集積であり、示されるものは様々な可能性である。そこから大木も、自分の判断を信じて、突き進むほかはなかった。そしてなぜ、大木は希望を説いたか。恵まれた時代に生まれた顕官の戯れ言と見ることも、もちろんできる。しかし、明治という時代は、大木と同時代人たちが、試練の末に、かれら自身の力で築き上げたのではなかったか。もし、大木喬任の一生から学ぼうとするならば、私たちひとりひとりが、たとえ小なりとも、進歩を実現するほかはない。希望はその果てに、私たちを待つのであろう。

小冊とはいえ、本書の完成にいたるまでには、多くの方々のお力をお借りした。早稲田大学大学院では、島善髙先生をはじめ、星原大輔さん、齋藤洋子さんほか、多くの師友から、惜しみない援助を受けた。聖心女子大学教授の佐々木隆先生、『年譜考大木喬任』の著者、島内嘉市先生の業績は、私にとって常に手引きであり、目標であった。佐賀では、元佐賀県立図書館近世資料編纂室長の大園隆二郎先生、佐賀城本丸歴史館の古川英文副館長、大木の菩提寺西往寺の南悦朗先生、「山屋敷」跡を所有される谷口善伸様に、一方ならぬお世話になった。

本書に掲載した大木喬任の家族写真は、曾孫であられる東京学芸大学名誉教授、大木吉甫先生が提供くださったものである。いつも、あたたかく励ましてくださる大木家の皆様にも、あらためて御礼を申し上げる。

大木喬任・朋子夫妻肖像画

大木喬任関連略年譜

(西暦)	(和暦)	(年齢)	(事項)
1832	天保 3	**1**	3.22 佐賀城の東, 会所に生まれる。
1842	天保 13	**11**	8 月, 父知喬死去。
1850	嘉永 3	**19**	5 月, 義祭同盟に参加。
1862	文久 2	**31**	5 月, 坂下門外の変に連座した中野方蔵が獄死する。このころまでに, 弘道館指南役を命じられる。
1863	文久 3	**32**	5 月, 江藤新平と共に久留米に行き攘夷派の長州藩士と面会, 独断で佐賀藩の大砲を貸すと約束する。6 月, 長州藩士らが佐賀に来るが武器供与は実現できず。のち藩庁から譴責処分を受ける。
1866	慶応 2	**35**	8 月, 川副代官助役となる。
1868	明治 1	**37**	2 月, 藩命を受け京都に上る。三条実美に江戸奠都を建白する。閏 4 月, 江藤新平と連名で岩倉具視に時事意見書を提出。徴士参与職・外国事務局判事に挙げられる。京都府判事を経て軍務官判事になる。5 月, 議政官下局議長を兼任（6 月まで）。6 月, 江戸へ派遣。7 月, 参与に就任。奠都の詔が発せられ江戸は東京に改称される。9 月, 天皇東幸に供奉。民部官議事取調御用掛を兼任（翌年 4 月まで）。12 月, 東京府知事を兼任。
1869	明治 2	**38**	3 月, 開墾掛兼任, 小金原の開拓に着手。5 月, 参与辞任。7 月, 東京府大参事に転任。
1870	明治 3	**39**	7 月, 大蔵省と民部省が分離され民部大輔に就任, 東京府御用掛を兼任。8 月, 岩倉具視名義の意見書「建国策」の取りまとめにあたる。
1871	明治 4	**40**	7 月, 民部卿に昇任する。民部省廃止。文部卿に転任する。
1872	明治 5	**41**	8 月, 学制頒布。10 月, 教部卿兼任。
1873	明治 6	**42**	4 月, 文部卿を辞任, 専任参議となる。10 月, 明治六年政変。参議のまま司法卿を兼任する。「建国法意見書」を提出。
1874	明治 7	**43**	2 月, 佐賀の乱。4 月, 江藤新平が刑死。
1875	明治 8	**44**	5 月, 司法省明法寮を廃止。
1876	明治 9	**45**	3 月, 司法省法学校設置。4 月, 代言人規則制定。11 月, 士族反乱の処断のため西国へ出張する。
1880	明治 13	**49**	2 月, 参議省卿兼任制廃止, 元老院議長に転任。4 月, 民法編纂局総裁兼任。5 月, 明治天皇が大木邸に臨幸。7 月, 刑法改定, 治罪法制定。8 月, 地租米納論を主張。
1881	明治 14	**50**	5 月,「乞定国体之疏」を提出。7月, 天皇の北海道東北巡幸に供奉。10月, 明治十四年政変,大隈重信の下野により筆頭参議となる。参議省卿兼任制が再置,司法卿に復帰する。
1882	明治 15	**51**	3 月, 伊藤博文が滞欧憲法調査に出発する。
1883	明治 16	**52**	7 月, 岩倉具視死去。12 月, 文部卿に転任。
1884	明治 17	**53**	7 月, 伯爵に叙せられる。
1885	明治 18	**54**	12 月, 内閣制度発足, 参議廃官, 元老院議長となる。
1886	明治 19	**55**	3 月, ボアソナード民法の第二第三草案を内閣に提出, 民法編纂局廃止。
1887	明治 20	**56**	4 月, 妻朋子死去。
1888	明治 21	**57**	4 月, 枢密顧問官兼任。7 月, 赤十字社病院に入院。
1889	明治 22	**58**	6 月, 長男逸太郎死去。12 月, 枢密院議長に就任, 内閣班列。
1891	明治 24	**60**	6 月, 松方正義内閣の文部大臣になる。
1892	明治 25	**61**	2 月, 第二回臨時総選挙, 選挙干渉に関係する。5 月, 貴族院本会議でボアソナード民法断行論を演説。6 月, 機関紙「大日本教育新聞」を発刊。8 月, 松方内閣が倒れ枢密院議長に再任する。11 月, 検定書教科書類漏洩事件により辞任, 麝香間祇候となる。12 月, 麹町区三年町から芝区西久保葺手町に転居。
1898	明治 31	**67**	2 月, 谷干城と面会, 政界復帰を考える。
1899	明治 32	**68**	9 月, 発病, 桐花大綬章下賜。同 26 日逝去。

大木喬任参考文献

円城寺清編『大隈伯昔日譚』, 立憲改進党当報局, 1885 年
大木遠吉編『真心経』, 1902 年
多田好問『岩倉公実記』上下, 皇后宮職, 1906 年
的野半介『江藤南白』上下, 南白顕彰会, 1914 年
横山健堂『文部大臣を中心として評論せる日本教育之変遷』, 中興館書店, 1914 年
大木遠吉『男児の意気』, 実業之世界社, 1915 年
大木遠吉『新日本と遷都』, 新興之日本社, 1917 年
中野礼四郎編『鍋島直正公伝』全 7 巻, 侯爵鍋島家編纂所, 1920 年
妻木忠太「大木喬任伯の建言と東京奠都」,『歴史教育』4 巻 10 号～ 12 号, 1930 年
久米邦武『久米博士九十年回顧録』上下巻, 早稲田大学出版部, 1934 年
相馬由也編『中野方蔵先生』, 1936 年
古賀廉造「大木喬任先生の思ひ出」,『肥前協会』47 号, 1938 年
星野通『民法典論争史』, 河出書房, 1949 年
稲田正次『明治憲法成立史』上下巻, 有斐閣, 1960 ～ 62 年
杉谷昭「大木喬任文書にみる『学制』草案」,『法制史研究』18 号, 法制史學會, 1968 年
佐々木克「『民・蔵分離問題』についての一考察」,『史苑』29-3, 1969 年
倉沢剛『学制の研究』, 講談社, 1973 年
田中艸太郎「大木喬任」,『郷土史に輝く人びと』, 佐賀県青少年育成県民会議, 1973 年
角田茂「太政官正院制の成立」,『史叢』21 号, 日本大学史学会, 1977 年
三好嘉子校注『草場珮川日記』上下巻, 西日本文化協会, 1978 ～ 80 年
井上久雄『増補学制論考』, 風間書房, 1991 年
菊山正明『明治国家の形成と司法制度』, 御茶の水書房, 1993 年
宇井伯寿・高崎直道訳注『大乗起信論』, 岩波書店, 1994 年
狐塚裕子「明治五年教部省と文部省の合併問題」,『清泉女子大学人文科学研究所紀要』16 号, 清泉女子大学, 1994 年
大久保泰甫・高橋良彰『ボワソナード民法典の編纂』, 雄松堂出版, 1999 年
松尾正人『廃藩置県の研究』, 吉川弘文館, 2001 年
島内嘉市『年譜考大木喬任』, アピアランス工房, 2002 年
『楠公義祭同盟』, 楠公義祭同盟結成百五十年記念顕彰碑建立期成会, 2003 年
高瀬暢彦編『金子堅太郎自叙伝』全 2 集, 日本大学精神文化研究所, 2003 年
坂本慶一『民法編纂と明治維新』, 悠々社, 2004 年
島善髙編『副島種臣全集』1 ～ 3 巻, 慧文社, 2004 ～ 07 年
龍造寺八幡宮楠神社編『枝吉神陽先生遺稿』, 出門堂, 2006 年
重松優「大木喬任伝記史料『談話筆記』について」,『ソシオサイエンス』12 号, 早稲田大学大学院社会科学研究科, 2006 年
重松優「大木喬任遺著『進行論』について」,『社学研論集』7 号, 早稲田大学大学院社会科学研究科, 2006 年
佐々木隆「『大木喬任関係文書』所収司法・検察関係者書翰翻刻」,『参考書誌研究』66 号, 2007 年
毛利敏彦『幕末維新と佐賀藩』, 中公新書, 2008 年
島善髙『律令制から立憲制へ』, 成文堂, 2009 年
星原大輔「幕末明治期の大木喬任日記」,『財団法人鍋島報效会研究助成報告書』4 号, 財団法人鍋島報效会, 2009 年
重松優「民部大輔大木喬任と明治三年『建国策』」,『明治維新史研究』6 号, 明治維新史学会, 2009 年
瀧井一博『伊藤博文』, 中公新書, 2010 年
星原大輔『江藤新平と維新政府』, 早稲田大学出版部, 2011 年
瀧井一博編『伊藤博文演説集』, 講談社, 2011 年

大木喬任関連史跡

大木公園
大木喬任の生誕地。園内には喬任(左)・遠吉(右)親子の記念碑2基が建ち並んでいる。

佐賀市水ケ江三丁目

弘道館跡
古賀精里の進言を入れて創設された佐賀藩の藩校。朱子学にもとづいた漢籍の講義が中心であった。大木も教諭を務めた。

佐賀市松原 2-5-22

佐賀県立博物館・美術館
自然史, 考古, 歴史, 民俗, 美術・工芸の諸資料を, 常設展「佐賀県の歴史と文化」にて展示。大木に関する資料も多数収蔵。
佐賀市城内 1-15-23
TEL 0952-24-3947

山屋敷
若き大木が, 公務の余暇あるごとに訪れ, 静かに勉学したと言われている。「大木伯書斎趾」の石柱が建てられている。

佐賀市大和町久池井春日

憲政資料室
国立国会図書館に属する。「大木喬任関係文書」をはじめ, 近現代日本政治史に関する文書類を所蔵している。
千代田区永田町 1-10-1
TEL 03-3581-2331

法務省赤れんが棟
ドイツ人の設計により旧司法省庁舎として完成。現在は, 法務史料展示室として公開されている。外壁は国の重要文化財。
千代田区霞が関 1-1-1
TEL 03-3592-7911

楠神社
楠木正成を祀った神社。義祭同盟による祭祀が行われた。龍造寺八幡宮内。

佐賀市白山1丁目 3-2
TEL 0952-23-6049

西往寺
1520 年ごろ開基した浄土宗の寺院。動乱により一時衰退したものの, 大木家がこの地を領し, 菩提寺となった。
神埼郡吉野ケ里町大曲1539
TEL 0952-52-1105

佐賀城跡
「鯱の門及び続櫓」は国の重要文化財。現在, 天保期の本丸御殿の一部が佐賀県立佐賀城本丸歴史館として復元されている。
佐賀市城内 2-18-1
TEL 0952-41-7550

青山霊園
大木喬任(左)の墓所。朋子夫人(右)の墓と並んで建っている。

港区南青山 2-32-2
TEL 03-3401-3652

賢崇寺
初代藩主鍋島勝茂が建立した曹洞宗の寺院。以後, 鍋島家の墓所となる。境内に大木が建てた中野方蔵墓碑がある。
港区元麻布 1-2-12
TEL 03-3451-2359

重松　優（しげまつ・ゆう）
1976年, 千葉県生まれ。
2000年, 米国エール大学卒業。社会学専攻。2009年, 早稲田大学社会科学研究科博士課程満期退学。日本近代史専攻。早稲田大学社会科学総合学術院講師。
編著書：
“Contemporary Japanese Studies Program at Waseda University: An Invitation to Waseda, Japan and Beyond”（共編・早稲田大学社会科学部）
「香港総督ジョン・ポープ・ヘネシーと大隈重信」（『社学研論集』8号）
「峯源次郎旧蔵・大隈重信関係欧文文書」（共編・『早稲田社会科学総合研究』7巻1号）
「自由主義者たちと民法典論争」（『ソシオサイエンス』11号）
ほか

佐賀偉人伝06　さがいじんでん06
大木喬任　おおきたかとう
2012年　1月30日　初版印刷
2012年　2月20日　初版発行
著　者　重松　優　しげまつゆう
発行者　杉谷　昭
発行所　佐賀県立佐賀城本丸歴史館　さがけんりつさがじょうほんまるれきしかん
佐賀県佐賀市城内2-18-1　〒840-0041
電話 0952-41-7550
FAX 0952-28-0220
装　丁　荒木博申（佐賀大学）
編集協力　和田夏生（工房＊アステリスク）
印　刷　福博印刷株式会社
歴史資料の収録にあたり、一部に不適切と考えられる表現の記載もありますが、その史料的な価値に鑑み、そのまま掲載しました
ISBN978-4-905172-05-5　C3323

佐賀偉人伝 全15冊（予定）

佐賀偉人伝 01

鍋島直正

杉谷　昭 著

ISBN978-4-905172-00-0

佐賀藩が近代化を進めるにあたって強力なリーダーシップを発揮したのが第10代藩主鍋島直正です。本書は、鍋島直正が推進した“抜本的な改革”と“驚くべき挑戦”について、具体的な資料にもとづいて解説します。さらに、刻々と変化する幕末の政治状況下における鍋島直正の動向にも迫っています。

佐賀偉人伝 02

大隈重信

島　善高 著

ISBN978-4-905172-01-7

不屈の政治家として生涯を貫き、早稲田大学の創設者としても知られる大隈重信。本書は、わが国はじめての政党内閣を成立させた政治家としての足跡や、教育へむけた情熱と理念などを中心に、大隈の生涯を解説します。日本の近代化に関わるさまざまな分野での活躍についても紹介した大隈案内の決定版です。

佐賀偉人伝 03

岡田三郎助

松本誠一 著

ISBN978-4-905172-02-4

第1回文化勲章受章者である岡田三郎助は、美人画に独特の優美さをたたえ、“色彩の画家”と評されました。東京美術学校（現東京藝術大学）で教鞭を執り多くの洋画家を養成。画壇においては帝国美術院会員（のち帝国芸術院会員）、帝室技芸員として美術界を牽引しました。絵画作品のカラー図版も多数収録。

佐賀偉人伝 04

平山醇左衛門

川副義敦 著

ISBN978-4-905172-03-1

江戸末期に佐賀藩でいちはやく導入された西洋砲術は、本藩にさきがけて武雄において、領主・鍋島茂義の指揮のもとに推進されました。その最前線にあって当時最新鋭の技術導入に奮闘した平山醇左衛門は、突然の斬首という不可解な死を遂げました。歴史に埋もれた人物に新たな光が当てられます。

佐賀偉人伝 05

島義勇

榎本洋介 著

ISBN978-4-905172-03-1

島義勇は、明治初期に開拓判官として北海道に入り、札幌を中心とする新都市建設のために尽力しました。新政府はどのような目的で開拓使を設置し、旧佐賀藩主・鍋島直正を初代開拓長官に、島を判官に選任したのか、さらに北海道開拓における島の苦難に満ちた取り組みについて検証します。

A5判・112頁
本体価格952円＋税（価格は2012年1月現在）
電子書籍同時発刊
対象端末：パソコン, iPad, iPhone, アンドロイド
価格：800円（税込）
電子書籍のご購入方法は、佐賀偉人伝HP
（http://sagajou.jp/sagaijinden/）をご覧ください。

シリーズイメージ